詩的行板

楊鴻銘 著

文學叢刊
文史哲出版社印行

國家圖書館出版品預行編目資料

詩的行板 / 楊鴻銘著, -- 初版 -- 臺北市：
文史哲, 民 100.11
頁; 公分（文學叢刊；261）
ISBN 978-957-549-991-4（平裝）

851.486 100023168

文學叢刊 261

詩的行板

著　者：楊鴻銘
出版者：文史哲出版社
http:// www.lapen.com.tw
e-mail：lapen@ms74.hinet.net
登記證字號：行政院新聞局版臺業字五三三七號
發行人：彭正雄
發行所：文史哲出版社
印刷者：文史哲出版社
臺北市羅斯福路一段七十二巷四號
郵政劃撥帳號：一六一八〇一七五
電話886-2-23511028 · 傳真886-2-23965656

定價新臺幣三八〇元

中華民國一百年（2011）十一月初版

ISBN 978-957-549-991-4 08261

序

只要景色夠美或感受夠深刻，早上醒來，頭腦不待運作即自行思考，將清晰浮現的景，依次化為一個一個詩的句子；把震撼難忘的情，具體轉成一截一截詩的語句。起床之後，拿起筆來抄寫，就是一篇完整的詩了。

寫詩對我來說，絕非刻意，而是情景不得不現、心意不得不發之下，自然完成的作品。我很少、也不願坐在桌前苦思冥想、為文而造境。因為不能讓自己感動的景、不足以引起寫作的情，即使勉強，也只能寫出徒具形式而使自己心虛的東西。

晚上，我照例環著大安森林公園散步；我的腳在走路，腦卻在思考；因為腳與腦的作用有別，彼此並不交集，所以不管走了多久，腳也不會覺得痠痛。而正在思考的腦，則一句一句從容的組合，一境一境快速的捕捉；一圈還沒寫完，再繞一圈；等到走出公園之後，詩文也大致成形了。

如果一圈還沒走完，而詩文已經寫好了，我會走進公園之內，找張寧靜而有背靠的椅子，修飾才剛完成的文字；或隨意的擺動身體，做些習慣的運動。有時一圈接著一圈，走路只是爲了將自己留在公園的軌道上，讓腦思考罷了！爲了不把大部分的心力，拿來注意正在行走的路況，所以我喜歡走在熟悉的、幽雅的路上！

美麗的景，只要進入眼簾，即使經過幾年、甚至幾十年，在我的腦海裡依然鮮明。即使現在還未化成文字，我相信某一個早晨醒來，將會自自然然的成爲我的作品。我把詩當做畫家的筆，素描我欣然接觸的自然、素描我每天真實的生活、素描我眼見耳聞的時代、素描我爲何是我的思想、素描我親自旅遊的世界，於是我開始寫詩了。

就讀大學時，我對新詩不但沒有興趣，而且很不以爲意。直到四十五歲，爲了證明自己也能寫詩，於是拿起筆來寫「冬」、寫「四季」，從此以後，寫詩的筆再也停不下來了。我很少爲寫詩而苦，因爲只要感動夠深，就自然可以化成詩句；只要景物夠美，就自然會有寫詩的衝動。我認爲最好的詩，應該是情感最自然的流露，至於堆砌、雕琢以及光怪陸離，沒有必要！

新詩，如今已經成爲我對景、對情抒發的工具了，我時常暗自慶幸：還好，我曾經爲了證明自己，而開始寫詩！

又，本書承蒙文史哲出版社彭正雄先生的支持，才能順利的出版，謹此呈致謝意！

（簽名）謹識於臺北

詩的行板 目次

第二章　詩寫生活……六七

第五章　詩遊世界

第一章 詩寫自然

一、樹

根
深深的結在不停轉動的地下
保持垂直
翡翠的葉
浮在空中
風來錚錚作響

從來群居
仍然孤獨
立於峻崖之上

唯恐墜落
整天用手相互
扶持

語解

樹木的根／深深的、牢固的盤結在不停轉動的地球的地殼之下／不管地球如何轉動，樹始終保持垂直向上的姿勢／翡翠似的翠綠的葉子／浮在空中飄著、蕩著／風來相互碰觸，發出錚錚鏦鏦悅耳的聲音

自有樹木以來，樹大都一群一群的聚在一起／卻又一株一株孤獨的分開站著／長在險峻的山崖之上的樹木／唯恐立於高處，唯恐地球不停的轉動／而整天伸出手來似的，以彼此的枝條互相／糾結、扶持

分析

因爲地球除了自轉之外，還得公轉，所以樹木爲了保持垂直，不得不把根深深的結在地下；爲了免於墜落，不得不伸出枝條相互的扶持。加入地球轉動的意念之後，原來舉目可見的樹木，頓時有了嶄新的意象。

本詩從樹的根「深深的結在不停轉動的地下」、葉「翡翠的葉／浮在空中」、枝「唯

恐墜落／整天用手相互／扶持」、幹「保持垂直」、木「仍然孤獨」，寫到樹木成林「從來群居」，篇幅雖然不多，但意涵卻已豐富。（中國語文五六〇期、二〇〇四年二月）

二、森林

霧
把天與地接在遠方
遠方呆立的樹木
穿過寧謐的空氣
在完整無瑕的天際
投影

身旁舒展的葉上
幾顆露珠擱著
掠自星月的光彩
勝似鑽石
林下鑲著美感的小溪
於清脆的流裡盤旋

幾個迴轉之後
就在霧裡迷失了
方向

一夜辛苦的黛安娜
正沉沉的睡時
早起的阿波羅
倚著晨曦
駕馬騰空奔去

陽明山上
又是一片開朗

語解

迷濛的霧／充滿整個時空，好像把天與地連在一起，從近處到遠方，到處瀰漫／遠方直立不動，有如呆呆站著的樹木／穿過寧靜的、蒼茫的霧氣／在完全被霧籠罩，沒有任何空隙的天邊／顯出高大的身影

身旁已經舒展開來的樹葉／幾顆露珠擱著似的掉在上面／好像取自星月般亮麗的光

彩／晶瑩剔透，勝過鑽石／森林下方洋溢著美感的、詩意的小溪／溪裡清澈的水，彎彎曲曲的流著／流過幾個轉角之後／就在濃濃的霧裡／好像迷失方向般的消逝不見了

整夜辛苦潑灑清輝的月神黛安娜／正沉沉的停在睡夢中時／早起的太陽神阿波羅／倚著晨曦似的，從東邊露出臉來／駕著馬車直向天空，奔騰而去

陽明山在晨陽的照耀之下／霧氣散了，山上又是一片明朗

分析

首段以「霧／把天與地接在遠方」，描寫霧的瀰天蓋地；以「遠方呆立的樹木」，描寫風的靜止；以「在完整無瑕的天上／投影」，描寫樹的高大；意在具象之中，不但鮮明，而且不俗。

次段以「幾顆露珠擱著」的「擱」字，描寫露在葉上；以「掠自星月的光彩」的「掠」字，描寫露燦如星；以「林下鑲著美感的小溪」的「鑲」字，描寫小溪之景；以「於清脆的流裡盤旋」的「盤旋」二字，描寫流的情形；字在轉化之中，不但靈動，而且具體。

本詩以「森林」爲題，從霧氣瀰漫整座森林，寫到霧散之後，山上一片明朗的情景，景景分明，景景相融，陽明山美麗的晨景，頓時在詩的字與句之間呈現了。

（中國語文五六〇期、二〇〇四年二月）

三、綠

足與藍天抗衡的色
長在樹上
風來飄搖
搖出人對自然最初的
印象

喜歡隱身幕後
烘托
靜靜的欣賞表演
倘若同時挺身向前
即成森林

語解

可以和藍天的藍，相互抗衡的顏色／就是長在大地樹木身上的綠色／微風吹來，枝葉飄搖／人從飄搖的枝葉裡，產生出對於自然最初的／印象樹木喜歡把自己隱藏在幕後／烘托自然的美／靜靜的欣賞花草、蟲魚、禽鳥、野獸的表演／如果同時聚在一起，挺直身體走到幕前／馬上就能蔚成一座茂密的、翠綠的森林

分析

天空以「藍」色爲代表，地面以「綠」色爲代表，藍綠把天與地的顏色整個涵蓋，詩的意境寬廣；以「藍」與「綠」相互抗衡，一上一下，對比鮮明。以「綠」長在「樹」上，「樹」隱身幕後，欣賞萬物動的與靜的表演；寧靜之中，自有生趣。詩末以假設、卻頗具體的「倘若同時挺身向前」，不再「隱身幕後」，馬上就能成爲一座蒼翠蓊鬱的森林收結；詩在寬廣之外，別有境界。

（中國語文五六〇期、二〇〇四年二月）

四、雨

葉子似的雨點
在閃電歧岔的枝條上
隨風飄灑

只是墜落
不是凋零
大地張開臉來
露出
新的、綠的喜悅

語解

像葉子一般疏疏密密的雨點／在空中歧岔曲折、有如樹的枝條的閃電之上／隨著風到處飄著、灑著、下著

雨只是從天空降落到地面上來／而不是像花一樣的凋了、謝了／大地在雨的滋潤之下，好像張開臉來／露出喜悅笑容似的裂開縫隙／讓新生的、嫩綠的芽，冒出土來

分析

「雨點」是葉子，「閃電」是枝條，天與地之間，就像一棵聳立的大樹；想像新穎，意境壯闊。

「只是墜落／不是凋零」，所以只有喜悅，沒有感傷；所以「大地張開臉來／露出／新的、綠的喜悅」，字句前後呼應，詩在一氣之中，自然呵成。

首段寫天空下雨豪壯的情形，次段寫地面雨後清新可喜的情景；詩在尺幅之中，自有千里之趣。

（中國語文五六〇期、二〇〇四年二月）

五、葡萄

透明的紫
競相展示飽滿的青春
粉嫩的薄薄的臉頰
輕輕用手一掐
馬上笑出水來

成串成串的典雅
別在大地胸前
更以
曲形的枝葉
襯托

語解

明淨澄澈、晶瑩剔透的紫色的葡萄／爭相展示飽和豐滿的果實，散發青春活力四射的熱力／有如施粉一般鮮嫩、薄得好像沒有厚度的臉頰／只要輕輕的用手一掐／馬上就會裂開，有如微笑一樣的溢出汁來

一整串一整串優雅高貴的葡萄，掛在樹上／遠遠望去，好像別在大地胸前的別針／除了葡萄做成的別針之外，更用／葡萄曲折有致的枝葉／襯托出成串葡萄的高雅

分析

首段描寫葡萄一顆一顆飽滿透明的樣子；次段則以成串葡萄為其主體，將葡萄掛在樹上的美，描寫出來。

競相展示青春、用手一掐就會出水，是第一層轉化；成串的葡萄掛在樹上，有如別在大地的胸前，則在人的轉化之上，再加上一層地的轉化，詩情頓時倍增。又，成串的葡萄別在大地胸前，已經出人意表；加上「更以／曲形的枝葉／襯托」，詩境更是令人想像。

本詩對於葡萄的描寫，似乎已經不缺什麼了。

（中國語文五四九期、二〇〇三年三月）

六、香　蕉

人生恍如香蕉
先以橫的方式
平行依序排出
今天、明天、後天……
再以縱的次第
由上而下
垂直標明
今年、明年、後年……

愈是上層
太陽全日灌溉
果實愈是亮眼
愈是往下
陽光疏於照顧
果實愈是卑微

直到
最後畫出一個包有
縱與橫、平行與垂直
而尚未成形
而並不完美的句點
留在風中

語解

人一生的歲月，有如一植懸在樹上的香蕉／先以並列的、橫向的方式／一根一根平行的排列著，依序排出／今天、明天、後天……／再以直列的、縱向的次第／由上而下，由近而遠／一串一串向下延伸，依序標明／今年、明年、後年……

愈是上層的香蕉，愈是年輕的生命／愈能接受太陽整天灌溉似的陽光，愈能揮灑朝氣蓬勃的熱力／愈能長出豐滿亮眼的果實，愈能成就一番不凡的事業／愈是下層的香蕉，愈是衰老的生命／彷彿太陽疏於照顧似的，無法整天垂照；彷彿盛年已經不再，人生已經西斜／果實愈是瘦小，成就愈是難以期待

直到／最後畫出一個包有殘存的果實、殘存的理想／縱的年與橫的日、平行的歲月

與已衰的生命／而尚未成形、而沒有明天／而並不完美的句點、而無法永恆的結束／留在風中，不及成熟；留在人間，徒然引起無窮的感傷

分析

香蕉一根一根整齊的、平行的排列，有如今天、明天、後天依序來到；香蕉一串一串由上而下垂直的次第，有如今年、明年、後年必然降臨。把香蕉橫向與平行、縱向與垂直的排列，比喻成人一生的歲月，立意新穎。

上層的香蕉，因爲日照多、營養充足，所以果實較爲豐滿；有如人應趁著年輕，奮發有爲，才能成就一番較大的事業。如果玩歲愒時，不知長進，則將有如下層的香蕉，很難實現自己的夢想。主題香蕉的詩，卻與人生緊密的結合在一起，寓意深遠。

香蕉的尾端，留下一個包有不及成熟的果實；有如無法長存的生命，往往感嘆夢想難以一一實現。所以人應及早奮起，以免老大徒留傷悲。詩在「而尚未成形／而並不完美的句點／留在風中」三句，盡而不盡，咀嚼之後，可以體會得更多！

（中國語文五五七期、二〇〇三年十一月）

七、茶花

花
從樸實的橢圓的葉間翹起頭來
有如浮在森林之上的城堡
皎潔的耀眼的白
自蕊的底部升起
燦爛如陽
陣陣逼人

寧願為底為襯為背景
卻在五顏六色之中熠熠生輝
不用修飾不用掩飾不用妝飾
卻娉婷展現獨特的風格
帝俄的王族為了彰顯非凡的品味
赴宴時把花佩在胸前
韋瓦第的茶花女為了象徵不渝的愛情

整天對著花詠唱
你，白色的山茶
不用言說
已是經典

語解

山茶花／從渾厚的、橢圓的枝葉之間，翹起頭來似的綻開了／花在綠色的枝葉頂端，有如建在森林之上的城堡／皎潔的白，耀眼奪目／好像太陽一般，自花蕊的底部緩緩升起／純粹的美，逼人不敢近視

寧願做爲底色、做爲襯托、做爲背景／卻在五顏六色之中閃亮生輝／麗質天生，不用修飾；潔白無瑕，不用掩飾；渾然天成，不用妝飾／花卻美好的展現出自己獨特的風格／帝俄時期的貴族，爲了彰顯不凡的品味／赴宴時必在胸前佩戴一朵白色的山茶／韋瓦第歌劇中的茶花女，爲了表明堅貞不渝的愛情／整天對著山茶花詠著、唱著／你，白色的山茶花／不用言語來說明／已經是大地之上經典的花朵了

分析

茶花的顏色繽紛多彩，本詩是描寫白色的羅蘭茶花。

首段花開在綠葉的頂端，「有如浮在森林之上的城堡」；花皎白的色，「燦爛如陽」；這是譬喻。二段以帝俄的王族赴宴時，必佩茶花；韋瓦第歌劇中的茶花女，對著茶花詠唱堅貞的愛情，鋪陳茶花的美，這是側寫。首段以譬喻極寫茶花的白，二段以側寫極寫茶花的美，詩有渾然的意趣。

羅蘭茶花因白而美、因美而成爲大地花朵的經典；這朵花在這首詩裡，正耀眼的、燦爛的開著！

（中國語文五九八期、二〇〇七年四月）

八、玫瑰

汲取情人的血
滋潤
把新鮮的絨麗的花朵
開在未曾改變的感性裡
等著男女

有情的世界
無法容進善變的心
枝上的小刺

忠誠守護
唯恐絲毫差錯

語解

汲取情人因相戀相愛、痛苦煎熬而流出來的血／滋養灌溉／把新鮮嬌豔、絨柔美麗的花朵／開在從古到今不曾改變的感性的愛情裡／等待男男女女來欣賞、來摘取有情、專情的世界裡／無法容納善變、不貞的心／玫瑰以枝條上銳利的小刺／忠誠守護著花，守護著情／唯恐一有疏忽，專情的花會被不貞的人偷走，而有失職守

分析

玫瑰是愛情的代表，因此熱戀中的男女，寧以自己的心、自己的血來培養這株愛的花朵，所以說玫瑰「汲取情人的血」。

玫瑰是愛情的象徵，不管古人或今人、本國或外國，只要看到玫瑰，就會引起愛的聯想，所以說玫瑰「把新鮮的絨麗的花朵／開在未曾改變的感性裡」。

玫瑰的花，是美的，是令人遐想的；但玫瑰的刺，卻是尖的，是會把人刺傷的。這麼美的花，這麼利的刺，乍看似乎並不相襯，但仔細想想，原來「枝上的刺」，是愛情的「忠誠守護」者；唯有專情的人，才能與此美麗的花相知相惜。

首段以感性寫花，次段以理性寫刺；玫瑰在感性與理性的筆下，美得頗為自然。

（中國語文五五七期、二○○三年十一月）

九、鬱金香

支支火炬
頂在頭上
不等太陽點火
已經燃出整地的絕美的
豔

融解冬的沉寂
還有更多繽紛的熱情
急著傳遞
荷蘭的國花
脫去舊名波斯的頭巾
走出土耳其

語解

一支一支像火炬的花朵／頂在頭上開著／不等太陽點火、不等太陽出來／已經燃出一把火焰般的美／開出整片豔麗的花

鬱金香把沉寂的冬融解了，注入春意／除了火紅的顏色之外，還有繽紛燦爛、洋溢熱情的花朵／急著傳遞春的訊息似的、爭先恐後的開了／現爲荷蘭國花的鬱金香／像脫去頭巾似的，把「波斯頭巾」的舊名改掉了，重新命名／走出原生地土耳其，而被移植到歐洲的荷蘭

分析

首段「不等太陽點火／已經燃出整地的絕美的／豔」句，「整地的絕美的」，一指視野，一指視見；「絕美的」加上「豔」字，極寫美的情形，不只是「麗」，而且麗得「豔」了。兩句均以繁筆描寫，鬱金香的意象又具體，又突出。

二段「融解冬的沉寂」之後，省略「注入春意」；「急著傳遞」之後，省略「爭先恐後的開了」；兩句雖然都有所省略，但其詩意反而更濃。

首段以繁筆極寫鬱金香的美，二段以簡筆強化鬱金香的意，繁、簡之間，自然成詩。

（中國語文五六三期、二〇〇四年五月）

一〇、百合

喇叭伸長脖子
站在原野上
迎風吹號
吹白了嫩綠的
臉

無聲的芬芳
將沉睡的綠意
吵醒
小草紛紛探出頭來
看個究竟

語解

百合開起花來，像一支支伸長脖子的喇叭／筆直的站在原野上／迎風吹奏／原本嫩綠的臉，因為用力、因為展開而／變白了展開有如喇叭的百合，沒有發出聲音，卻兀自散播著芬芳／將蟄伏沉睡的草木／叫醒似的告知它們：春天到了／草木像探出頭來，看個究竟似的／紛紛長出新的綠的嫩芽

分析

百合花形似喇叭，因此詩以喇叭爲主體，從兀自站在原野上吹奏，寫到吹出芬芳吵醒沉睡的綠意，一意相承，一氣呵成，渾然而又緊密含銜。

本詩將百合喻爲喇叭之後，從此捨去主體「百合」，而以喻體「喇叭」爲主，一路鋪展，字字想像，卻句句扣題，饒富趣味。

（中國語文五六三期、二〇〇四年五月）

一一、杜鵑

張起翅膀
像蝴蝶閒靜的亮眼的
停著
奔放美麗
一樹一襲浪漫
一叢一季憧憬

包不了裹不住的春意
整個綻開
在歡愉的雀躍的讚美聲裡
氾濫
蕩漾一個
曾經

語解

展開有如翅膀一般的花瓣／像一隻隻閒靜優雅的、亮眼漂亮的蝴蝶／停在枝頭上／奔放也似的把美麗毫無保留的呈現在人們眼前

一樹杜鵑花，就是一襲引起遐思的浪漫／一叢杜鵑花，就是一季逗人幻想的憧憬／像包也包不住、裹也裹不了的濃濃春意／整個綻破裂開／在人們歡愉的、雀躍的讚美聲裡／泛濫似的瀰漫開來／隨著有如到處氾濫的水的春意，蕩著、漾著一個／曾經美得使人無法忘懷的記憶

分析

本詩是爲景美女中校園裡美麗的杜鵑而寫。

首段以譬喻的辭法爲主，描寫杜鵑花有如優雅的蝴蝶，靜靜的開在枝上；二段則以轉化的辭法爲主，描寫杜鵑花就是濃濃的春意，澎湃的到處氾濫。詩以一靜一動寫景，譬喻中有轉化、轉化中有譬喻，景、情自然相融。

首段「張開翅膀」，卻「閒靜的」停著；「亮眼的」蝴蝶，卻能「奔放」美麗；詩在看似矛盾、其實和諧，無理而妙的手法裡，值得品讀。二段「包不了裹不住」的春意綻開之後，又是「氾濫」，又是「蕩漾」，不但動中有動，而且處處瀰漫，讀了彷彿自己也已身置其中了。

（中國語文五六三期、二〇〇四年五月）

一二、櫻花

羞得滿臉通紅的花
在溼潤的水樣的空氣裡飄墜
像滿天的雨
怯怯的往下挪移
像紛飛的雪
左右款款的搖擺

偎著、擠著、疊著

鋪成一野分明的隨意的落
等待晨陽
一一吻別

語解

有如羞得滿臉通紅的粉紅色的花／在水一樣溼潤的空氣裡飄了下來／好像滿天綿密的雨／膽怯的害怕的向下輕輕挪移／好像成群飛舞的雪／忽左忽右慢慢的搖著、擺著櫻花依偎著、推擠著、堆疊著／在原野上朵朵隨意的、分明的鋪成一地厚厚的落花／有如正在等待早晨升起的太陽／一一吻別似的照射在它們的身上

分析

「羞得滿臉通紅的花」，以人「滿臉通紅」形容花粉紅的顏色；「等待晨陽／一一吻別」，以人「吻別」形容太陽照在花上的情形；寫景具體。

「像滿天的雨／怯怯的往下挪移」，是花在空中下墜的樣子；「像紛飛的雪／左右款款的搖擺」，是花在空中飄搖的情景。一上下、一左右，譬喻生動。

如雨、如雪飄墜的櫻花，即使飄墜，也自有一番無可言喻的美感。

（中國語文五六三期、二○○四年五月）

一三、楓

黃葉、紅葉
漸漸凋零
禿立的枝幹
自遠而近
帶來秋的訊息

語解

由綠轉黃、由黃轉紅的楓葉／慢慢的凋零了／一根一根葉子逐漸掉落的枝幹，兀自的站立著／一路上從遠處已經凋零，到近處正在凋零的情景／爲人們帶來秋天已經降臨的消息

分析

「黃葉、紅葉／漸漸凋零」，以由綠轉黃、由黃轉紅的情形，動態描寫秋的樣子。「禿立的樹幹／自遠而近／帶來秋的訊息」，以遠處已經凋零、近處正在凋零的楓樹，動態說明秋天降臨的情景。兩個動態，已使本來靜立的楓，動了起來；本來禿立的枝幹，

頓時美不勝收！

一四、馴鹿

馴鹿
站在渾圓的山頂
抬起頭來
渾圓的天
破了兩個小洞
馴鹿的角
歧成一座森林

語解

澳洲大陸的馴鹿／站在坡度和緩、坡勢有如半圓的渾圓的山頂之上／偶爾抬起頭來眺望／完整無瑕、覆蓋著大地的圓形的藍天／從下往上看，兩隻鹿角插入天空，好像把圓形的天，戳破了兩個小洞／馴鹿頭上分歧的角／從遠處望去，有粗有細、有曲有直，在空曠的藍天裡，好像變成了一座森林

分析

兩個渾圓的半圓，一從地面聳起，一從天上往下覆蓋；半圓與半圓之間，以「渾圓」二字描寫，意象頗爲明晰。

馴鹿站在天上的半圓與地面的半圓之間，在渾圓的意象上，加入一個不是渾圓、而是頭角崢嶸的馴鹿，從下往上看，歧出的角有如把天戳出兩個小洞，景中自有境界。

馴鹿的角把天戳出兩個小洞之後，更進一層想像馴鹿歧出的角，從遠處望去，有如長在天空的森林。詩以小洞與森林連做兩層想像，想像自然有趣。

（中國語文五四九期、二〇〇三年三月）

一五、綿羊

綴於如茵的草原上的
點點白色
迤邐天際
恰與白雲的白
相連
白雲的白與白點的白

白成一片

語解

點綴在綠草如茵的原野上的／一隻一隻，有如一點一點的白色的綿羊／錯錯落落的一直綿延到天際／恰好和天上白雲的白色／相連在一起／白雲整片的白和綿羊點點的白／從地面白到天上，白成一片白色的天地

分析

如茵的草原上，綿羊點點的白，一直綿延到與天接攘的天際之後，綿羊的白融入白雲的白中，繼續往上攀爬。白不但把天與地連接起來，而且白也是天與地之間，唯一亮麗的色彩，這是想像與渲染巧妙運用的效果。

本詩以「白」做爲基調，做爲詩的主體，描寫綿羊在晴空之下、在綠與藍之間壯闊的情景，彷彿是一幅十九世紀印象畫派經典的作品。

（中國語文五五五期、二〇〇三年九月）

一六、乳牛

用晴藍的藍天與翠綠的綠地

過濾
黑色的色素
逐漸褪去
身上不停流出
白色的
驚奇

語解

在晴藍的藍天之下與翠綠的綠地之上，悠閒的吃著草／過濾乳幼階段似的慢慢成長／生澀不成熟的、好像雜有身上黑色色素的乳汁／逐漸成熟，逐漸鮮美／成牛之後，每天不停的從身上流出／牛乳白色的汁液／使人讚嘆，使人驚奇

分析

「晴藍」極寫藍天的藍，「翠綠」極寫綠地的綠；「藍」的天與「綠」的地，不但上下分明，而且緜延無際。

在藍的天與綠的地之間，加上一頭或一群乳牛，景在靜中自有動態的美，詩在動中更能呈現靜態的景。

「過濾」象徵漸脫乳幼，「逐漸褪去」象徵即將長大；以「黑色的色素」與「白色的驚奇」對比，描寫乳牛自幼至長、自長至產的情形，文字輕盈，詩意優雅。

（中國語文五六〇期、二〇〇四年二月）

一七、狼

被人遺忘的地盤
來往守候
一有動靜
立刻向前盤查
晚上雪地亮得恍如白晝
兩眼還是一直瞪著

寂寞時
對著明月長嗥
家已忘了
唯有太陽東來晨訪
才能勉強捎得一些

溫暖

語解

在天氣寒冷、人煙稀少，似乎已被遺忘的地表之上／好像正在守候似的來來回回／一有動靜、一遇外敵侵入／馬上機警起來，向前盤查似的窺看究竟／即使晚上，整片雪地皎白明亮，有如白天一般／狼的眼睛還是直直的警戒的瞪著，唯恐稍有意外

寂寞的時候／只能在空曠的原野上，對著明月發出幾聲長長的嗥叫／四處流浪，早已忘了家在何方／只有太陽早晨從東邊升起，好像前來探問似的拂照在狼的身上／才能爲狼帶來一些些的／暖意

分析

「被人遺忘的地盤／來往守候」與「晚上雪地亮得恍如白晝／兩眼還是一直瞪著」，兩節均採以動顯靜的手法鋪寫，但前者以「行」、後者以「視」，同中有異。「晚上雪地亮得恍如白晝／兩眼還是一直瞪著」與「唯有太陽東來晨訪／才能勉強掯得一些／溫暖」，兩節均採以點入境的手法鋪寫，但前者主動的「瞪」、後者被動的「照」，角度有別。

在雪地上來回奔走的狼，不但被人遺忘，而且早已忘了自己的家；在偌大的雪地

上，白天只能盼著太陽捎來溫暖，晚上只能對著明月長嗥；狼寂寞的、孤獨的影像，已在字句之間。

（中國語文五五七期，二〇〇五年七月）

一八、豹

矯捷的健將
蟄伏森林
褐黃的毛上透著黑點
一旦伸展成紋
連風都得屏息

眼睛始終停在
如豆的一點
箭躍而出
空中斑駁的身影
如果可以拆解
每一個瞬間
都是自然的美景

語解

敏捷出色的運動健將／潛伏在森林裡／棕褐色的皮毛上，透出一塊一塊黑色的斑點／一旦伸展身體快跑起來，斑點就會連成一條一條的斑紋／連風都得忍住呼吸，讚嘆牠的迅速

遇到獵物時，精神集中，眼睛始終注視著／如豆一般大小的遠處的獵物／像箭一樣的飛躍出去／豹身上的斑點，在空中形成斑駁錯落的身影／如果能以靜態的方式，加以分解／每一個暫停的、瞬間的身影／都是自然界裡，最美麗的情景

分析

首段從豹身上的斑點，想像快跑時點連成線的斑紋，描寫豹靜態的美。次段以豹飛躍時，如果在空中可以稍做暫停，每一個瞬間都是美好的情景，描寫豹動態的美。

首段靜態描寫，卻以想像的動態誇飾豹飛躍時，「連風都得屏息」；次段動態描寫，卻以假想的靜態，誇飾豹在空中如能暫時停住的身影。首段靜中有動，次段動中有靜；動靜相互錯落，豹在紙上栩栩如生。

以點連成條紋，描寫奔馳，以「如豆的一點」描寫專注，意象具體，可觸可感；以

風極寫其快，以瞬間極寫其美；豹在誇飾之中，似乎將從字句之間飛躍出來。

（中國語文五四九期、二〇〇三年三月）

一九、白兔

草原上白色的天使
急著傳播福音
三步併做兩步
殷勤的
跳

彷彿翅膀被雪絨絨的毛
卡住
無法展開
使勁用力
紅了大大的眼睛
卻彈起一個柔柔的
圓

語解

在如茵的草原上，像純潔的、白色的天使／急急忙忙想將福音傳給世人似的／三步併做兩步／殷勤的、不停的／穿梭的跳著

好像翅膀被雪白的、絲絨般的毛／卡住了／無法伸展開來／於是使勁的用力，想將翅膀打開／因爲用力過度，不但本來黑白分明的眼睛變紅了／而且輕輕柔柔的身體，也從地上彈了起來／在空中形成一個白色的圓

分析

草原是綠色的，兔子是白色的；白色的兔子點綴在綠色的草原上，是美。兔子有時隨意的跳著，有時急忙的蹦著；一蹦一跳的兔子，把寧靜的自然整個烘托出來，是美。地面的兔子像絨絨的雪，騰躍的兔子像柔柔的圓；兔子白得雪白、柔得圓柔的身影，是美。

本詩以天使爲喻，首段從習見的視野、連續的動態，敍寫草原上來往穿梭的兔子。次段則融和想像與視野，將時空瞬間停格，敍寫兔子騰躍而起的樣子；詩不但有境，而且有趣。

（中國語文五七七期、二〇〇五年七月）

二〇、松鼠

圓圓的身體
滑在圓圓的枝幹上
尾巴依然招搖
棕色的鼠
不是齒輪
卻整天匆匆忙忙

遠離泥土
藏身於參天的林木裡
啃著
一旦溜回大地
暴露自己
危險才會開始

語解

圓圓的身體／敏捷的在圓圓的枝幹上滑著、溜著／尾巴依然翹起，隨著動作微微的搖擺／棕色的小松鼠／不是緊密相合、沿著溝槽轉動的齒輪／卻整天忽上忽下、匆匆忙忙，好像齒輪一般的在枝幹上滑動著

遠離地面／爬到參天古木的森林之間，藏起身體／每天啃著枝葉果實，安穩的過著生活／如果有天偷偷的從樹上溜下來／將自己暴露在地面之上／才會危及自身的安全

分析

松鼠圓圓的身體，滑在圓圓的枝幹上，兩圓渾然相融，自然契合，只有「依然招搖」的尾巴，才能得知松鼠敏捷的身影，才能將整個畫面動盪起來，這是以點顯境的寫法。松鼠在枝幹上，好像齒輪一般，自由自在的滑動著，不因圓圓的身體在圓圓的枝幹上，而跌落下來；不因忽上忽下、匆匆忙忙而掉到地面，這是以物喻體的寫法。松鼠平時安穩的在樹上過活，所處的樹木雖然高大，卻很安全；如果有天溜到地面，地面雖然平坦，卻很危險；這是以意反襯的寫法。

深刻觀察事物的情態之後，加入一些想像，詩的意象自然鮮明！

（中國語文五七七期、二○○五年七月）

二一、袋鼠

即使袋裡藏著愛心
仍能隨興的跳躍
兩腳跳出
四平八穩
一次跳躍
一個美麗的
弧形

語解

即使袋裡藏著心愛的小孩／袋鼠仍然能夠隨興的、隨心所欲的跳躍／只用兩隻後腳跳躍／卻能跳出一般認為只有四腳才能做到的平穩／袋鼠每次跳起身來／每次都像一個美麗的／圓弧形

分析

本詩以「愛心」借指心愛的小孩，以「弧形」形容跳躍的姿態，以「四平八穩」極

寫平穩的樣子。詩的用語有輕有重，且其輕重自然相融。

又，「兩腳跳出／四平八穩」的「跳出」二字，除了描寫袋鼠平穩的跳躍之外，另有跳出一般認為「四腳」才能「平穩」的看法，詩有新意。

（中國語文五六二期、二〇〇四年四月）

二二、無尾熊

澳洲的國旗
掛在枝上
飄搖
長長的爪
代替尾巴
將樹緊緊抱住
整天安心的睡覺

語解

代表澳洲，有如澳洲國旗一般的無尾熊／掛著似的爬在枝幹上／左右微微的搖擺著／長長的爪子／好像代替尾巴一樣／緊緊抱住樹木，以免墜落／整天安心的在樹上睡覺

分析

「澳洲的國旗」，指足以代表澳洲；「掛在枝上」，指爬到樹上；「長長的爪／代替尾巴」，指熊無尾；「整天安心的睡覺」，指無尾熊喜在樹上睡覺的習性。

從無尾熊的外表「長長的爪／代替尾巴」、生活「掛在枝上／飄搖」，寫到習性「整天安心的睡覺」，詩的文字雖然不多，但無尾熊給人的印象，卻已清楚！

（中國語文五七九期、二〇〇五年九月）

二三、企鵝

鑽出大海的細痕
被波浪追趕上岸
不是黎明
卻挺著魚肚的白
自東邊升起
一路搖搖擺擺
天地也晃了起來

語解

從大海細小的縫隙鑽了出來／被一波波海浪追趕似的游到岸上／此時不是黎明時分／企鵝卻挺著有如早晨日出之前，天空泛著魚肚白色的腹部／從東邊上岸，彷彿太陽正從東邊升了上來／在整片沙灘上搖搖擺擺的走著／天地好像隨著企鵝的搖擺，也晃動了起來

分析

本詩除了「不是黎明」一句之外，從「鑽出」大海，被浪「追趕」，「挺著」魚肚，自東邊「升起」，一路「搖搖擺擺」，到天地也「晃」了起來；每句都是動態，每個動態都緊密的相互含銜，頗能寫出企鵝自海至陸、自游至走生動的表情。

又，企鵝「一路搖搖擺擺」，居然能使「天地也晃了起來」，這是作者以想像的手法，將讀者帶入恍惚的情境之中，進而使讀者與企鵝、與此情境合而爲一的張力效果。

（中國語文五六二期、二〇〇四年四月）

二四、鷹

沒有風

沒有雲
在孤絕的崖上
站著

咻的一聲
直射天際
整片的蔚藍
飛成兩半

語解

沒有一絲絲的風，靜止的時空彷彿暫時停格／沒有一點點的雲，晴朗的晴天彷彿完全靜定／鷹在像鷹一般孤傲、像鷹一樣絕俗的山崖上／獨自的站著，等待氣流

咻的一聲／鷹展開巨大的、有力的雙翼，迎著洶湧的氣流，直向天際，如瞬間射出的彈丸，快如閃電的飛去／本來完整的、渾然一體的蔚藍的晴天／被鷹迅疾飛升形成的直線，一分爲二

分析

沒有橫越原野的風，沒有飄過天上的雲，大地一片靜寂；靜寂的空曠的大地上，孤獨的鷹，站在孤獨的崖上；絕俗的鷹，站在危絕的崖上；兩「孤」、兩「絕」置於無風、無雲的大地之上，更是孤絕！

咻的一聲，有如彈丸直向天際射去；因爲飛的速度太快了，所以在人視覺暫留的作用下，鷹在空中形成一條由下而上、不斷延展的直線，而將蔚藍的藍天，瞬間切成兩半。從「直射天際」到「飛成兩半」，鷹飛翔的速度，可想而知！

首段以「孤絕」二字，極寫其靜、其獨，次段以「飛成兩半」四字，極寫其速、其猛；鷹在兩極之間，清晰逼人。

（笠詩刊二一〇期、一九九四年四月）

二五、春

Spring

—Translated by Dr. Scott Davis

你終於來了　You've come at last

不曾失約過　You've never stood us up

沒有孤獨的蹄聲　There are no lonely hoof sounds

沒有喧嘩的簇擁
我只能聆聽東風的低語
感覺你的腳步

不見你怯怯的招手
未投我蕩漾的笑顏
我只能細察初泛的溪水
知道你　就在身旁

想把酒言歡
你　不可捉摸
想促膝長談
你　無聲無息
但和煦的陽光
長出了你梢頭的生意
你遍地的喜悅
你如茵的熱情

No noisy crowding
East winds' low speech is all I can hear
I feel your footfall

Not seeing your shy summons
No undulating smile cast towards me
The streams' trickling sources are all I can feel
I know you　are beside me

I lift the wine to toast you
But you don't catch on
I want to sit close by and chat
Though you don't make any sound
But the warm gentle sunlight
Makes your branch tips leaf with life
You're happy all over the earth
Your enthusiasm spreads like a rush mat

不曾失約過　　You have never stood us up
你終於來了　　You have come at last

語解

春天，在左等右等之間，你終於來了／每一年都如期到來，從來沒有失約過

你來的時候，沒有獨自騎馬所響起的蹄聲／也沒有前呼後擁喧鬧的吵雜聲／我只能從東風吹拂而過所發出的低語，聆聽你走路的情形／感覺到你腳步的聲音

你來的時候，看不到你羞怯招呼問候的手／你也不曾對我微微的展開笑容／我只能從仔細觀察初次泛起增多的溪水／知道你已經來到了身旁

想和你拿起酒來敍敍舊，聊聊天／你卻行蹤不定，無法捉摸／想和你坐下來促膝長談，你卻無聲無息的，不知身在何處／但和煦溫暖的陽光／已使樹木在梢頭之上，長出了你帶來的盎然生意的綠芽／你帶來的遍地喜悅似的綠意／你帶來的遍地熱情似的綠草

春天，每一年都如期前來，從來沒有失約過／在左等右等之間，你終於來了

分析

「沒有孤獨的蹄聲／沒有喧嘩的簇擁」，從聲音寫春來無聲無息；「不見你怯怯的

招手／未投我蕩漾的笑顏」，從視覺寫春來的無影無蹤。因爲無聲無息、因爲無影無蹤，所以連腳步都無從感覺的春，當然更不可能「把酒言歡」、「促膝長談」了。儘管不能言歡、長談，但春卻以「梢頭的生意」、「遍地的喜悅」、「如茵的熱情」，具體的告訴人們，我真的已經降臨了。詩在似有形若無形、似矛盾非矛盾之間，輕輕彈唱。

因爲二、三兩段係以排比的手法鋪寫，所以三段故意以「未投我蕩漾的笑顏」錯落詩句；因爲前後兩句的文字完全相同，所以末了將此兩句的次序顛倒；詩在輕柔的變化中，有清新，有婉約，有美感。

（笠詩刊二○八期、一九九八年十二月）

二六、夏

從亙古走來
提著色盤
自然是我的畫布
繽紛是我的彩筆
累了就睡，一片斷黑
太陽又將把我叫起
任我揮灑

Summer

Coming from the ancient past
Carrying a palette
Nature is my canvas and
My materials are abundant
When I'm tired I go to sleep
　Everything's in darkness
The sun wakes me up again
Let me paint it all

天是澄的
花是豔的
水是清的
億萬年的熟悉
這是我的傑作
我的堅持

也許
我將打翻畫板
濺滿一地
一地的金黃
我將暫時遠去
待盛滿綠綠的一盤
我將再來

The sky is clear
Flowers bright
Water clean
Knowledge from antiquity
This is my masterpiece
What I insist on

Perhaps
I'll turn my easel over
Spill paint across all earth
When everything is golden yellow
Then I'll go away awhile
Wait'til the palette brims with green
So I can return here once again

語　解

從遙遠的亙古走了過來／手上提著調色盤／大自然是我作畫寬廣的畫布／自然景物

繽紛多彩的顏色，是我作畫多樣的彩筆／白天過後，累了就睡，到處一片漆黑／明天早上，太陽又會把我叫醒／整個大地任我揮灑、任我塗抹

天空是澄澈的藍／花是豔麗的紅／水是潔淨的透明／自有地球億萬年以來，夏天都會畫出如此熟悉的景致／這是我異於其他季節的作品／這是我夏天堅持不移的顏色

也許有一天，夏天將逝／我將把盛有以綠色、紅色爲主的畫板打翻／濺灑在地面上／變成滿地秋天的金黃／我將暫時遠去，讓秋天到來／等到明年，又盛滿一盤綠色的顏料時／我將再度降臨大地

分　析

「從亙古走來」，指自有地球，即有夏天；「億萬年的熟悉」，指自有地球以來，夏天都是如此；以「亙古」、以「億萬年」敍寫夏天，是以時間的長度來強化詩的厚度，使詩讀來更爲雄渾。

因爲「繽紛是我的彩筆」，所以「天是澄的，花是豔的，水是清的」；因爲夏天即將遠去，所以「濺滿一地／一地的金黃」，是指秋天已將來到了。以「金黃」代替秋天，可使秋天在具體的描寫之下，似乎可觸可感。

本詩以畫家敍寫夏天，畫布是大地，繽紛是彩筆，可以使人在夏的美感裡，忘卻暑熱！

（笠詩刊二〇八期、一九九八年十二月）

二七、秋

巧手的剪
裁製一裳新裝
冗葉紛紛凋下
形成一季的殘落

渲染金的穗浪
綴上楓林的紅
還有
斜陽一海
飄泊的西風
縫來今年新款的盛服

披著
走進東籬
品一菊陶潛的醉

Autumn

Cunning cutting
Tailoring new clothes
Useless leaves dropping in profusion
Left behind in a season's wreckage

The harvest wave is stained with gold
Tinted with red from maple groves
And there is more
The whole sea lit by the sinking sun
Floating, wandering west winds sew
This year's latest haute couture

Toss it on
And walk through the gate at the eastern fence
Like Tao Qian
Drunk on wine and chrysanthemums

輕輕的
將秋袖捲起
揭開古老
古老的記憶

Very lightly
Roll up those autumnal sleeves
Open up those ancient
Ancient memories

語解

靈巧的手，拿起剪刀／裁製一件新的秋的衣服／裁好之後，多餘的葉子紛紛掉落／形成秋季特有的凋殘的美景

黃金似的稻穗，有如浪濤般的起伏，將大地渲染成一片金色／在金色的大地上，以楓葉的紅做爲點綴／還有／以夕陽斜照的大海做爲裝飾／以到處飄泊流浪的西風做爲針線／將綴有楓紅的穗浪大地、飾有整片斜陽的大海，縫成一件今年秋天新款的美麗的衣服

披著這件美麗的衣服／走進東邊的竹籬下／觀賞黃色的菊花，並學習陶潛在籬下喝起酒來／輕輕的、慢慢的／捲起袖子，露出原被遮住的秋天／將自古以來，屬於秋天才有的記憶，才有的美景／揭開，而一一在眼前呈現

分　析

「金的穗浪」，指大地整片的景；「楓林的紅」，指點綴大地的景，這是陸景；「斜陽一海」，是海景；有陸、有海，這是平面的秋景。以「飄泊的西風」爲線，將陸、將海的景物連結起來，這是立體、而且是整體的秋景。

「東籬」，指陶潛隱居的地方；「品一菊」，指欣賞東籬之下的菊花；「陶潛的醉」，指對著菊花喝酒；這是個人對於秋天「古老的記憶」。「輕輕的／將秋袖捲起／揭開古老／古老的記憶」，這是人類對於秋天「古老的記憶」。

以裁縫師寫秋，以裁製秋裝寫秋景；整體的秋景中有陸、有海，古老的記憶裡有個人、有人類；秋在這首並不算長的詩裡，內容已經豐富。

（笠詩刊二〇八期、一九九八年十二月）

二八、冬

褪下滿樹的楓紅
披上一襲刺眼的白紗
在時空的故事裡停滯
凍出一片蒼茫

Winter

Strip off the whole tree of reddened maple leaves
Drape the blinding white glaring lace around
Stall out in a story about time and space
Freeze into a wasteland oblivion

白雪皚皚
吞沒最後一息溫熱
軍隊又冰又冷
在俄國
意氣風發不再
拿破崙終於徒呼奈何

且吐一口氣
隨凜冽的寒風
化做一道銀色的路
讓聖誕老人乘著麋鹿響起
撒下漫天的夢

有時冷峻
有時濃郁
但你總是

Glittering white snow
Swallows the last breath's warmth
The army is cold and colder
In Russia
Never again to be proud and smug
Napoleon finally can do nothing

Breathe a bit
On the icy wind
It becomes a silvery road
On which Santa's reindeer ride
And scatter dreams across the world

Sometimes bitterly frigid
Sometimes kindly mild
However you are always

輕得沒有質量　　So light you are insubstantial
厚得使人難以舉起　　So thick you are hard to lift

語解

滿樹紅色的楓葉，褪去似的凋零了／披上一件白色的刺眼的白紗似的，降下滿地的白雪／好像停在古與今、時與空的故事裡似的／形成寒冬蒼茫的、淒迷的景致

潔淨的白雪／將最後僅存的一息溫熱吞沒似的，覆蓋整個大地／感覺又冰又冷，無處棲身的軍隊／孤懸在俄國的境內／率領法國大軍遠征俄國的拿破崙，再也意氣風發不起來了／只能徒然感嘆爲何淪落至此

暫且吐出一口熱氣／隨著刺骨的、寒冷的冬風飄散／形成一條雪地裡銀色的道路／讓聖誕老人乘著麋鹿，一路響起悅耳的鈴聲／讓人們在聖誕的鈴聲裡，進入童話的美好的夢境裡

有時滿地是雪，使人覺得冷峻嚴肅／有時洋溢溫情，使人覺得和諧溫馨／但你—冬天，總是使人覺得／有如雪花一般，很輕，輕得好像沒有質量／有如雪地一般，很厚，厚得很難用手舉起

分　析

「披上一襲刺眼的白紗」，指一樹白雪；「呑沒最後一息溫熱」，指大地一片苦寒；「撒下漫天的夢」，指使人進入童話的美好的夢境裡；「有時冷峻」，指天氣寒冷；「有時濃郁」，指氣氛溫馨；「輕得沒有質量」，在具體的物上指雪花，在抽象的感覺上指「濃郁」；「厚得使人難以舉起」，在具體的物上指雪地，在抽象的感覺上指「冷峻」。

詩以拿破崙、聖誕老人兩個典故，回應首段「時空裡的故事」的「故事」二字，描寫冬裡一悲、一喜不同的情景；以雪花與雪地、具體與抽象兩樣情態，緊扣「有時冷峻」與「有時濃郁」兩個感覺，描寫冬裡一輕、一重不同的場景。整齊的詩句，很自然；錯落的詩意，也很靈動！

（笠詩刊二〇八期、一九九八年十二月）

二九、四季行板

The Four Seasons

—Translated by Dr. Scott Davis

春

一陣東風
點燃春的引信
奔放的綠

Spring

A puff of easterly wind
Sparks spring’s wick
Green runs riot

嬉嬉鬧鬧
在樹的梢頭競逐

夏

夏的旋律
灑在葉上
豎琴的雨滴
彈去暑熱
撥來一季清閒

秋

楓紅是火
燃著山林
熊熊的秋
映在雲上
照亮黃昏的夕陽

Laughing whole-heartedly
Playing tag on the treetops

Summer

Summer's melody
Scattered on leaves
Raindrop harps
The heat plucks
Sounding in a season of purity

Autumn

Red maples leaves are fire
Forest conflagration
Very bearlike fall
Reflects in the clouds
Lighting up the setting sun

冬

輕輕的雪
飄來窗前
隨手撿起詩意
一句一句
寫在冬裡

Winter

Light snow
Floats by the window
Pick up its poetry at your leisure
Word by word
To write in winter

語解

春

一陣東風，像一根小小的火柴棒／將藏在炮竹裡面似的春天的引信，點燃／綠，頓時爆開似的，奔放在原野之間，染遍整個大地／有如嬉鬧愛玩的小孩／這裡一點，那裡一撮，個個在樹的梢頭競逐似的，長了出來

夏

夏天，旋律一般的雨／好像剛從樂器流瀉出來，掉在葉子上面／豎琴一樣悅耳的雨滴聲，聽在耳裡／像把炎熱彈去似的，使人暑氣全消／像撥來整季清涼似的，使人忘了身處夏天之中

秋

楓葉，紅得有如豔紅的火／正燃燒著山林似的，紅遍原野／秋天的楓葉，有如熊熊燃燒的火／先映在天空的雲上／然後再從雲上直射大地，將黃昏的夕陽也照得滿臉通紅

冬

輕輕柔柔的雪／飄來窗前／隨手撿起詩意一般的小雪花／並將雪花的美麗，寫成一句一句的詩／而寫出一篇一篇屬於冬的詩文

分 析

「點燃春的引信」，指春如炮竹，本來不會爆開；風如火柴，本來不該前來；但待季節一到，火柴棒一般的東風，將炮竹似的春天點燃，春像瞬間爆開的炮竹，頓時綠遍大地，這是譬喻。「奔放的綠／嬉嬉鬧鬧／在樹的梢頭競逐」，原式應作奔放的綠，「在樹的梢頭嬉嬉鬧鬧／競逐」，或「在樹的梢頭競逐／嬉嬉鬧鬧」，屬於轉化。

「夏的旋律／灑在葉上／豎琴的雨滴」，原式應作「夏／豎琴旋律（一般）的雨滴／灑在葉上」；以交錯的語句，營造出更多的美感。下文「彈去暑熱／撥來一季清閒」，也是「豎琴的雨滴」；「豎琴的雨滴」句，既承上，又啓下，正是整首詩的關鍵字句。

「楓紅是火」，將「如」改爲「是」，更直接，更具體，屬於譬喻。「燃著山林」，以「燃」的動態，取代「紅」靜態的描寫，詩句靈動，屬於轉化。「熊熊的秋／映在雲

上／照亮黃昏的夕陽」，將楓葉的紅比喻爲火，轉化爲燃之後，再進一步以誇飾的筆法，將山林的楓不但紅在山林，而且還從山林映到天空的雲上，再從天空的雲上，投照在即將西下的夕陽之上，形成一個由山（地）而雲（天），再由雲（天）而夕陽（地）立體的景象，詩意不俗。

「輕輕的雪／飄來窗前」，這是人人都能看到、都能寫到的雪景，並不特別；但待「隨手撿起詩意」句一提，詩趣頓時洋溢。下文「一句一句」，指詩句；「寫在冬裡」，則指描寫出一篇一篇以冬爲題的詩文。溫馨的詩，自然活潑。

以極動的手法寫「春」、寫「秋」，以極靜的手法寫「夏」、寫「冬」，四季行板正如四季更迭的景色一般，炫爛多彩。

第二章　詩寫生活

一、茶

初綠、舒展、蜷曲
的葉
微曦、燦陽、暈黃
的色
清淡、浪漫、濃郁
的香
略苦、醇暢、餘韻
的味

是感覺

是感觸
是感動

語 解

初吐稚嫩的新芽，伸出狹長光潤的綠片，烘焙揉成圓的、曲的是／茶的葉／剛沖泡有如晨曦始露的微黃，再泡好像正午盛陽燦爛的金黃，又泡彷彿斜暉暈成褐黃的是／茶的色／浮蕩室內、空氣清清淡淡，看在眼中、氣氛浪浪漫漫，吸進鼻裡、氣息濃濃郁郁的是／茶的香／淺嚐在唇些微的苦，啜飲入口醇厚的暢，細品於心無窮的韻的是／茶的味

拿著茶葉、看著茶色、聞著茶香、品著茶味，人對茶有如詩如畫的感覺／葉的生成、色的呈現、香的飄溢、味的變化，人對茶有許許多多的感觸／圓的茶葉、黃的茶色、濃的茶香、苦的茶味，人對茶有無以言喻的感動

分 析

首章每句各以三個語詞，由淺而深，逐次鋪寫茶的葉、的色、的香、的味；三個語詞之中，各以一個語詞「初綠」、「暈黃」、「清淡」、「略苦」直接描寫；每句開端「初綠」的「初」、「微曦」的「微」、「清淡」的「清」、「略苦」的「略」，都以

輕盈的字眼敍寫。次章則以三個類疊「是」字、各以三字組成句子，抒發人對茶的感受。本詩無論形式或內容，都頗爲整齊。

首章茶葉以生成的情形動態示現、茶色以不同的陽光多樣譬喻、茶香以內在的情感移易轉化、茶味以具體的描摹直接陳述。各組在三個語詞描寫之後，則以「的葉」、「的色」、「的香」、「的味」收束，與次章以「是」字直接帶入的「感覺」、「感觸」、「感動」，顯然有別；詩在整齊之中，自有變化。

本詩用字簡潔而語言清朗，節奏明快而意象鮮明，值得一讀！

（中國語文五四八期、二〇〇三年二月）

二、雙茶

山茶的花迤邐烏龍的葉
像瀑布炸開山谷
沸沸揚揚
濃郁可見
像微風流過指間
無波無痕
柔順輕盈

舌的尖、喉的頭
處處旖旎

語　解

琉球山茶的花與烏龍茶的葉，同時置於茶壺之中沖泡／沖泡出來的茶，香氣有如瀑布炸開山谷、由上往下傾瀉似的，突然爆開／像洶湧的水不斷的翻騰著，充滿整個時空／濃烈馥郁的香氣，似乎只用眼睛就能看見似的，到處瀰漫／茶水有如微風吹過手指之間，輕輕的滑了過去／像平靜流逝的水，了無痕跡／輕輕盈盈、自自如如似的，柔軟而又順口

無論舌尖的尖端或喉頭的深處／都洋溢著柔美的、綺麗的氣息

分　析

茶花較有質感的花瓣，可以使白的更白、紅的更紅、粉的更粉。天氣愈冷、花色愈美；每一片初綻的花瓣，都能帶來一分新的驚喜。而且世上所有漂亮的花型，茶花都有；所以在各式各樣的花草裡，我最喜愛茶花。

臺北縣雙溪鄉茶花莊的莊主，莊姓兄弟莊崇祥、莊豪雄先生告訴我，在一般的茶葉

裡，加入六、七朵琉球山茶一起沖泡，就能泡出一壺氣質優雅的好茶。於是在滿心喜悅的感動之餘，我應好友建宏出版社經理蔡秋文兄的要求，隨手寫了這首小詩。

首段以「迤邐」敘寫琉球山茶的花，加入烏龍茶的葉裡，有如兩相纏綿似的融在一起沖泡。以「炸開山谷」敘寫瀑布由上往下，直墜山谷的氣勢；以「沸沸揚揚」一寫瀑布濺迸、一寫香氣四溢的情形；以「可見」移覺本來只能聞嗅的「濃郁」，而使「濃郁」的香氣更濃更郁了。以「流過指間」轉化的辭法，敘寫好風如水；以「無波無痕」移覺微風流過指間時，自然自如的感覺；以「輕盈」二字，將「柔順」的「柔」，寫得更爲輕柔；「順」，寫得更爲滑順了。二段以「舌的尖、喉的頭」，極寫整個口腔之中；以「旖旎」二字，轉化出一片似乎又可看、又可感的美好的情境。尤以「沸沸揚揚」、兩字各自相疊，與「無波無痕」、中間鑲入一個「無」字組成語句，而使四字成句的詩，同時兼具整齊與變化的美感。

「雙茶」，是雙溪的茶，是莊姓兄弟同心經營的茶，是琉球山茶與烏龍茶、花與葉融合的茶。本詩以「瀑布」與「微風」兩個譬喻，一嗅覺、一觸覺，分敘茶的香氣與茶的柔潤，末了才以「旖旎」二字涵蓋兩者，總結全詩。字句雖然不多，詩意卻已雋永可口。

（中國語文五七三期、二〇〇五年三月）

三、品茶

——與張梅娜小姐結婚二十年紀念

茶
從梅娜的手裡流了出來
純淨清澄
如阿波羅凝視的眼
泛著金黃

溫馨沿著杯緣溢出
嘴裡所講出來的話
都是芬芳
優雅的氣質
隨著香氣輕描淡寫
如黛安娜行經原野的裙
輕輕飄起

希臘的天空是晴朗的心
愛琴海的帆是悠閒的情
端著喜悅
昨日、今日、明日
一起細細的品

語解

茶／從梅娜右手所持的茶壺裡，流了出來／茶質清純潔淨，茶色澄澈透明／有如太陽神阿波羅凝視大地、照耀萬物時，雙眼所直射出來的光芒／泛溢出黃金般亮麗的色澤

溫馨的氣氛，沿著杯緣慢慢的瀰漫開來／彼此聊天嘴裡所講出來的話語／都像芬芳的好茶一樣的和諧愉快／茶與人優雅的氣質／隨著緩緩騰升的香氣，輕輕的、淡淡的洋溢整個時空／有如月神黛安娜行經一望無際的原野時／裙角輕輕飄起的樣子

開朗的心，像希臘晴藍的藍天一般，自自然然／悠閒的情，像愛琴海皎白的白帆一樣，浪浪漫漫／端起茶杯，懷著喜悅的心情／不管過去的昨日、現在的今日，還是未來的明日／讓我們一起細細的品嚐好茶，一起細細的品味人生

分析

首段以「阿波羅凝視的眼」描寫茶色，二段以「黛安娜行經原野的裙」描寫茶香；三段以「希臘的天空」與「愛琴海的帆」描寫人的心情；情境一致，氣氛輕盈。

首段「泛著金黃」，一指「阿波羅凝視的眼」，一指「純淨清澄」的茶色。二段「嘴裡所講出來的話，都是芬芳」，一指茶香，一指愉快的交談；「優雅的氣質」，一指茶質，一指人不與俗流；「隨著香氣輕描淡寫」，一指茶騰升的熱氣，一指人清新的氣息。三段「端著喜悅」，一指飲用好茶，一指人滿心的喜悅；「一起細細的品」，一指一起品嚐好茶，一指一起品味人生。尤其「優雅的氣質」，「如黛安娜行經原野的裙／輕輕飄起」，更在寫茶的同時，如在眼前的把人也描寫了出來。

（中國語文五七六期、二〇〇五年六月）

四、咖啡

點點、線線、朵朵、片片的
芬芳
從浴火熬煉
吸納自山與雲之間的陽光的褐色的小鑽石

綻露在
室內、室外、城內、城外、國內、國外
共同的沉思的
共同的語言的
共同的心情的

咖啡
風情無限

語解

有時一點一點散在各處，有時一線一線縷縷上升，有時一朵一朵浮向空中，有時一片一片瀰漫整個空間的／咖啡芬芳的香氣／從又是溫火烘焙、又是熱爐熬煉的／長在高高的山上、低低的雲下，每天沐浴、並吸納晴朗的陽光的熱情，凝結而成鑽石也似的、褐色的、小小的咖啡豆中，綻放出來／洋溢在／室內、室外每一處角落，城內、城外每一個地方，國內、國外每一寸土地之上／人們引起冥想一致的原因的／人們彼此談心一起的話題的／人們觸動情思一同的對象的

咖啡／風情萬種，詩意連連

分析

本詩以一氣相連的方式，將整首分爲咖啡的香氣「點點、線線、朵朵、片片的／芬芳」，香氣的來源「從浴火熬煉／吸納自山與雲之間的陽光的褐色的小鑽石／綻露在／室內、室外、城內、城外、國內、國外」，人引起的情思「共同的沉思的／共同的語言的／共同的心情的」，與人對咖啡的讚語「咖啡／風情無限」四節，節中的文字上下相銜，詩意縣延不絕。

首章「共同的沉思的，共同的語言的，共同的心情的」與「咖啡」，章斷而意仍相連。次章「咖啡」既承上文，又與下句「風情無限」緊緊的結在一起，是詩過峽且關鍵的文字。首章以繁複的字句鋪寫咖啡，次章則以簡短的「風情無限」四字抒發讚語，收束全詩；詳略之間，自然相映成趣。

新詩表意或描寫的語詞愈多，意象愈清楚，內容愈明確，詩意也就相對的減低了。本詩詩末以「風情無限」四字，抒發人對咖啡的讚頌；因爲只有短短的四個字，因爲詩句戛然而止，所以頗能使人引起諸多美的聯想。

（中國語文五四八期、二〇〇三年二月）

五、守護者

家與宿舍
鐘錘似的在麗水街上定點擺盪
晨、午、晚間準時往返
溫馨與孤獨
不成比例卻自然平衡

陪孩子早餐、看午間新聞、與家人相聚
當分針指在六點、十一點、十八點的五十分上
我循著原路
打開暫別有如久違的城堡
聆聽小公主與小天使美麗的童話
沒有人煙
當時針停於八點、十三點、二十點三十分時
我沿著方格
為城堡疊起一塊一塊厚實的磚

用心守護

日出與月景
無暇欣賞
在朋友戲稱「讀書人之路」的彼端
每天睡得比月亮還晚
起得比太陽還早

語　解

居住的家與工作的宿舍，分置路的兩端／像鐘錘似的，在麗水街的兩邊，固定的擺盪著／每天早晨、中午、晚上，準時的往返兩地／家的溫馨與宿舍的孤獨／表面上，兩者的感受截然不同；但以孤獨的工作養護溫馨的家，兩者在心理上，卻又自然平衡

早晨陪孩子進用早餐、中午看午間電視新聞、晚上與家人相聚聊天／在六點五十分、十一點五十分、十八點五十分時／我就循著原路回家／打開雖然暫離、卻如已經睽違許久的家門／聆聽小公主般的女兒與小天使般的兒子，天真無邪、可愛美麗有如童話故事般的童言童語／這裡沒有人情世故／在八點、十三點、二十點三十分時／我就回到宿舍，沿著稿紙方形的格子／用筆賺錢，好像疊起一塊一塊厚實的磚來保護城堡似的／全心全

意守護著家
日出與月下的美景／我爲了工作，沒有時間欣賞／在朋友戲稱爲「讀書人之路」這一端的宿舍裡／我每天睡得比月亮西斜還晚／起得比太陽東升還早

分析

首段「鐘錘似的在麗水街上定點擺盪」，是因二段「陪孩子早餐，看午間新聞，與家人相聚」；首段「晨、午、晚間準時往返」，是在二段「當分針指在六點、十一點、十八點的五十分上」與「當時針停於八點、十三點、二十點三十分時」；首段「溫馨與孤獨」，是爲了「聆聽小公主與小天使美麗的童話」與「爲城堡疊起一塊一塊厚實的磚」。本詩以首段爲綱領、爲前提，二段則直承首段詳細鋪陳，詩有前後照應的美。

本詩除了整齊的照應與排比之外，另有對比「溫馨與孤獨」、「每天睡得比月亮還晚，起得比太陽還早」；變化「當分針指在六點、十一點、十九點的五十分上」、「當時針停於八點、十三點、二十點三十分時」；與雙關「聆聽小公主與小天使美麗的童話」的「童話」——有如童話故事般的童言童語、「沒有人煙」的「人煙」——沒有旁人、沒有人情世故的手法；詩在平實之中，自有情致。

（中國語文五六二期、二〇〇四年四月）

六、成長

小琪抱著牛奶，邊喝邊說：
「媽媽，有巧克力的牛嗎？」
昨天才剛過去
今天，小琪認真的說：
「爸爸，您知道本來黑色的北極熊
是由白子進化而來的嗎？」
我回頭看她
小琪已經擠進北一女

時間像起落的、反向的蹺蹺板
將我較重的青春遞減
無聲無息的抬起孩子
待白髮告訴自己：
不再年輕
我的心被小苗長成綠樹的喜悅充滿

感傷
沿著淺笑揚起的嘴角
黯然溜走

語解

小時候，小琪雙手抱著牛奶，一邊喝一邊說道：／「媽媽，有流出巧克力牛奶的巧克力牛嗎？」／這好像是才剛過去的昨天的事情／今天，小琪態度認真的對我說：／「爸爸，您知道本來黑色的北極熊／爲了適應北極遍地是雪的環境，而由白子進化形成的嗎？」／我回頭仔細端詳小琪／已經考上北一女的小琪，好像突然之間長大了

時間，有如一座起落的、反向的蹺蹺板／把我較多青春的生命，逐漸減去／無聲無息的分給孩子，讓我的孩子慢慢的成長／等到灰白的頭髮提醒自己：／你已經老了，已經不再年輕了／我的心被小苗似的小琪，已經長成綠樹般的升上高中的喜悅充滿了／年老的感傷／沿著因孩子長大而高興、而微笑揚起的嘴角／暗中溜走，沒有感傷

分析

首段以是否有巧克力牛，與北極熊的進化爲主體；詩在盎然的童趣中，可以看到天真無邪的小琪；在認真的態度上，可以得知小琪廣泛涉獵的學習。

次段以蹺蹺板的一起一落，象徵生命一代繼起一代的情形。雖然自己已漸衰老，但從衰老的自己，卻能看到子女日益的成長，所以內心不但沒有感傷，而且還因子女成長而感到無比的喜悅。

本詩以小琪幼年的童言童語，與升上高中的科學知識，對比出小琪的成長與自己的衰老；詩的筆觸很淡，意思卻很深刻。尤以「時間像起落的、反向的蹺蹺板／將我較重的青春遞減／無聲無息的抬起孩子」一節，更把父母對於子女默默付出、無怨無悔的心情寫盡了。

（中國語文五五五期、二〇〇三年九月）

七、父與子

「一時興起的雲
很難叫醒小溪
貯滿雨水的崖
瀑布才能永遠沸騰」
礪石般的話語
每天反覆的說
想將有稜有角的年輕的稜角
逐漸琢磨

年輕
有如一雙已經張開的翅膀
不耐依賴不耐等待不耐瞻前顧後的
擺布
不理是非不理規矩不理都為我好的
束縛
眼望長天
我要展翼高翔

語解

「一時興起而水氣不多的雲，即使下起雨來／少量的水也很難把小溪叫醒，使溪水立刻湍急起來／儲聚豐足雨水的崖，水從斷崖傾瀉而成壯麗的瀑布／瀑布才能永遠沸騰似的澎湃洶湧」／好像礪石一般，勉勵及時努力讀書、將來才能有番成就的話／每天反覆的說著、勸著／想把有稜有角、有如璞石一樣年輕的兒子／慢慢的引導，慢慢的琢磨

年輕／有如一雙已經張開而想馬上高飛的翅膀／不耐依賴父母，不耐等到準備充足，不耐煩瞻前顧後、處處被人／擺布的照顧／不理是非曲直，不理規矩禁令，不理會

大人藉口都爲我好／而加在身上的束縛／眼睛望著曠闊的天空／我現在就要擺脫一切束縛，展開雙翼，飛向理想

分析

首段以父親爲主，敍寫父親勸勉兒子必須沉潛的讀書，日後才能揚眉吐氣。二段則以兒子爲主，敍寫兒子已經不耐久等，已把翅膀張開，馬上就想飛向曠闊的藍天去了。詩把父與子內在的心情細膩刻畫，文字雖然不多，意思卻很深刻。

首段以委婉的譬喻，取代嚴肅的說理；將勸勉的話語，比喻爲磨利刀劍的礪石；濃濃的詩意之中，意思自然鮮明。尤其「礪石般的話語」，不是「每天反覆的磨」，而是「說」，而將「磨」置於段末「逐漸琢磨」的句子之上，字與意均有錯落的美感。

次段以「已經張開的翅膀」比喻年輕，以「眼望長天／我要展翼高翔」相互呼應，詩的結構嚴謹。尤以兩節「不耐依賴」、「不理是非」連綿的長句，極寫不想再被擺布與束縛的情形，兒子渴盼自由的神情，如在眼前。

（中國語文五五六期、二〇〇三年十月）

八、父與女

——寫於小琪十八歲生日

也呵也護也疼也愛也憐也惜
彷彿陽光溫潤大地
唯恐不夠
每天一定高高懸著
不讓烏雲遮來

也甘也願也歡也欣也喜也樂
僅見一點笑容
馬上呈現遍野的春意
想像加上期待
即使隨口哼哼
已是絕唱樂壇的卡拉絲

枯黃的葉掉在記憶的流裡
梢頭的綠則正搖曳生姿
遇風遇雨遇霜遇雪
老樹依然蒼勁
只盼新芽
自然伸展

語解

全心全意的呵護她、疼愛她、憐惜她／彷彿陽光溫暖的照射大地一般／即使已經用盡心力，還是覺得有所不足／每天一定像太陽高高懸著似的，關心她／不讓烏雲遮來，而影響了她快樂的成長

隨時隨地甘願的承受、歡欣的付出、喜樂的欣賞她／只要看到她臉上露出一點點的笑容／眼前馬上呈現遍野都是春意盎然的美景似的，滿心歡喜／對她美好的憧憬，加上對她無限的期待／即使只是隨口哼哼幾個音符／腦中立刻想像她長大之後，可能成爲享譽樂壇的女高音——卡拉絲

枯黃的樹葉，掉在記憶的河流裡；年長的人，逐漸走出繽紛多彩的人生舞臺／梢頭的綠意，彷彿年輕的生命，正搖曳生姿的迎著陽光，迎接每天新奇的事物／不管遇到多

大的風雨、多猛的霜雪／我依然像老樹一般，蒼勁挺拔的站著／只期盼有如新芽的妳／能夠自自然然的伸展，而伸展出一片屬於自己的天空

分析

父母無微不至的照顧子女，不分日夜，因此詩以「也呵也護也疼也愛也憐也惜」的「也」字，寫出緜長而細膩的呵護、疼愛、憐惜；滿心歡喜的陪伴子女，沒有自己，因此詩以「也甘也願也歡也欣也喜也樂」的「也」字，寫出恆久而自然的甘願、歡欣、喜樂。區區一個「也」字，已將父母對於子女的心情，整個描繪在紙面之上了。

有如陽光溫潤大地，卻還「唯恐不夠」，這是父母對子女無盡的愛；「僅見一點笑容／馬上呈現遍野的春意」，這是父母對子女深摯的情；「遇風遇雨遇霜遇雪／老樹依然蒼勁」，這是父母對子女擔負的責。尤其在「僅見一點笑容」與「馬上呈現遍野的春意」、「即使隨口哼哼」與「已是絕唱樂壇的卡拉絲」、「遇風遇雨遇霜遇雪／老樹依然蒼勁」與「只盼新芽／自然伸展」輕重抑揚的手法之下，父母的影像，更是鮮明。

從前，我怕孩子長大，因爲長大之後，就無法隨時帶在身旁了。如今，小琪已經年滿十八歲，即將從北一女畢業了。我期盼她能夠盡情揮灑自己的才學，因此寫了「父與女」這首詩，做爲紀念。

（中國語文五七六期、二〇〇五年六月）

九、車禍

來回穿行的護士，有如才剛學會塗鴉的小孩
將彼此交疊的影子，零亂一地
偶爾開口講話的醫生
一句兩句，自細細碎碎的腳步聲中鑽出
在有點小又有點擠的急診室裡
跌跌撞撞

沒有感覺的感覺
感覺不出沒有感覺裡真實的感覺
像朝著一個又一個無底的深淵急速墜下
思想
儘管企圖拉住一些彷彿清醒的什麼
卻無能為力的轉過頭來望著我
一起墜落
而必然守護的心

早已在「小翔發生車禍」的電話聲中
在「爸爸，我沒有騎很快」即將休克的懂事聲裡
瞬間凍結

語解

匆忙走動、來回穿梭的護士們，好像才剛學會拿起筆來隨意塗鴉的小孩／將彼此時而交錯、時而相疊的影子，零亂的畫在地上／專注診斷、偶爾才會張開口來講話的醫生／一句兩句，好像是從護士們細細碎碎的腳步聲裡鑽了出來似的／在這個醫生忙著診治、護士群來幫忙的急診室裡／跌跌撞撞似的、隱隱約約的從耳際飛了過去

麻木似的沒有感覺的這一種感覺／實在無法感覺出「麻木似的沒有感覺」裡，到底真正的感覺是什麼／整個人好像朝著一個又一個無底的深淵，直接的、急速的往下墜落一般／思想／儘管想要努力保持一點彷彿還算清醒、還能感覺的感覺／卻被巨大的驚嚇震懾，失望的轉過頭來望著我似的／無法保持一點點的清醒，而一起墜向無底的深淵／而無論何種情況必然守護的心／早已在梅娜「小翔發生車禍」的電話聲中／在小翔「爸爸，我沒有騎很快」懂事而即將休克的聲音裡

瞬間凍結似的，全身頓時失去所有的感覺

分　析

首段「將彼此交疊的影子，零亂一地」，指護士們不停的來來回回，不停的穿梭走動，忙著爲病人服務。「在有點小又有點擠的急診室裡／跌跌撞撞」，指急診室因爲醫生齊來會診，護士群來幫忙而顯得有點擠；而「跌跌撞撞」，則指醫生的講話聲，在人聲、腳步聲裡，只能隱隱約約的響在耳際。二段「沒有感覺的感覺」，指人因遭受巨大的震驚，而使全身頓時麻木似的失去知覺一般；雖有知覺，卻好像渾然無法真實的、自主的感覺。「思想／儘管企圖拉住一些彷彿清醒的什麼」，指思想在巨大的震驚裡，仍然努力想要保持一點點的清醒。「卻無能爲力的轉過頭來望著我／一起墜落」，指努力想要保持清醒的思想，最後還是不聽使喚的陷入「雖有知覺，卻好像渾然無法真實的感覺一般」。

詩以長句「來回穿行的護士，有如才剛學會塗鴉的小孩」、「感覺不出沒有感覺裡真實的感覺」、「儘管企圖拉住一些彷彿清醒的什麼」，極寫乍聞車禍、內心傷疼不已的情形；以長句句下短截的字詞「將彼此交疊的影子，零亂一地」的「零亂一地」、「一句兩句，自細細碎碎的腳步聲中鑽出」的「鑽出」、「像朝著一個又一個無底的深淵急速墜下」的「急速墜下」與短句「跌跌撞撞」、「一起墜落」、「瞬間凍結」，極寫乍聞車禍，因震懾而頓時驚嚇的情形。通篇在長句與短句、長句與長句句下短截的字詞彼此錯落、相互跌宕之下，乍聞車禍震驚而又傷疼的心情，一一浮現！

首段寫急診的情形，二段寫得知車禍之後的情形，三段則寫乍聞車禍的情形。乍聞車禍是動機，卻直到詩末才一筆揭明，這是追敘的寫法；至於揭明之後戛然而止，除了震驚之外，就是傷疼！爲何傷疼，請把詩再重讀一次；詩於可以一再重讀的反覆之下，情感無限！

（中國語文六一八期、二〇〇八年十二月）

一〇、禱

不捨才剛舒展的嫩葉
微風照例不停的吹拂
不捨正當綻放的花朵
晨陽早已悄悄的炙臨
如果生命會有漣漪
希望漣漪隨即化做淺斟低唱的小溪
如果成長必須淬煉
懇求淬煉有如金石交擊的火花
一閃即過

第一次我心疼的流下淚來
我想不僅感同，而且還能身受
第一次我由衷的跪在地上
祈禱諸神一起賜福
賜福並讓所有的人類
不再受苦

語解

不忍才剛舒展開來嫩綠的葉子／馬上一如往常的受到微風不停的吹拂／不忍正在打開花瓣綻放美麗的花朵／早晨太陽溫熱的陽光早已把它煎炙／如果生命會有漣漪一般的波折／希望這些漣漪隨即化做輕快的小溪，一路淺斟低唱而去／如果成長必須經過淬煉一般的折騰／懇求淬煉有如金石交擊時、瞬間迸射的火花／一閃就過去了

我第一次心疼的流下眼淚／我希望不僅和她的感覺一樣，而且還能親自代替她受苦／我第一次發自內心的跪在地上／祈禱天上所有的神一起賜福給我們／恩賜福祉並讓地球上所有的人類／都不再受到任何的痛苦

分析

才剛舒展的嫩葉，微風馬上吹拂過來；方才懂事的小孩，痛苦立即跟著上身。正當綻放的花朵，晨陽早已悄悄的炙臨；時値青春的年輕人，不如意事已經靜靜的來到了。這是人的鍛鍊？還是人的無奈？無庸辯解，但我們深深的瞭解，只要周遭的人痛苦，我們比他更苦！

我不想流淚，因爲世上少有看了不流淚的情景；我不曾跪下，因爲如果不夠堅強，自己將向別人跪求一輩子。但我今天卻第一次的流下淚水、第一次虔誠的跪在地上祈禱：如果有神，請讓我能代替家人疼痛；如果有神，請讓所有的人們都不再受苦！

因爲小琪生病，所以我寫了這首祈禱的小詩，希望我認識與我不認識的所有人，都能健康！都能快樂！

（中國語文六三六期、二〇一〇年六月）

二、永恆

——獻給我深愛的家人

我想仔細的端詳妳
當妳偶爾疼痛時
我記得

妳每天燦爛的笑容

我想用心的看望妳
當有一天我衰老時
我記得
我們一點一滴的從前

太陽燃燒熱能，分分秒秒的把自己縮減
地球承載萬物，時時刻刻的將自己增胖
不變，只是安慰
變，才是唯一的永恆
人們每天尋尋覓覓
追尋連想像也無法碰觸的東西
他們把它叫做永恆
我，只要將眼張開
永恆的妳
就在眼前

語解

我想仔細的端詳妳，把妳看進腦海裡／當妳偶爾生病、偶爾疼痛時／我記得／妳每天愉快而燦爛的笑容，希望妳趕快痊癒

我想用心的看望妳，把妳印在我的心上／當有一天我年紀大了／我記得／我們每天點點滴滴歡樂的生活，希望有限的生命能帶給妳更多的幸福

太陽燃燒自己，燃出足以供給大地的熱能，分分秒秒的把自己一絲一毫的縮減／地球承載萬物，承受大地愈來愈重的重擔，時時刻刻的將自己一分一寸的增胖／一切不變，只是人們用來安慰自己的說辭／隨時在變，才是天地之間唯一不變的道理／人們每天都在尋找、都在追求／追求一些連自己運用想像力，都想像不出來的東西／他們把它叫做永恆／我，只要張開眼睛／永恆不變的妳／就在我的眼前出現了

分析

仔細的端詳，當家人生病疼痛時，我就記得家人平時燦爛的笑容，希望家人趕快痊癒，而恢復往常健康的身體。用心的看望，當我有一天年紀大了，我就記得我們生活的點點滴滴，希望我能利用剩餘的時間，帶給家人更多的幸福。

太陽燃燒自己、照耀萬物，即使燃盡自己而成爲一個黑洞，也在所不惜；地球承載

萬物、維續生命，即使膨脹自己、爆裂而成幾千、幾萬個碎片，也無怨無悔。變，是天地之間唯一的準則，但忙碌的人們，卻每天追求自己所想像、甚至所無法想像的東西，而自以爲是的把它叫做永恆。我很幸運，我只要把自己的眼睛張開，永遠不變的家人，就在我的眼前出現了。

我愛我的妻子梅娜、我愛我的女兒小琪、我愛我的兒子小翔，因此我寫了「永恆」這首詩。

（中國語文六三七期、二〇一〇年七月）

一二、我 五十歲

偶然
進入繆斯的領地
設籍
引晴朗如水的藍天灌溉
在潔淨如雲的性靈上
播撒非習見、非熟知的
種子

育苗、耘草、培土

第五十個春天來了
滿園綻放的字句
循著方格
用生命的長索串起
等待檢視
眼角
一瞥領主手上的桂冠

語　解

偶然／進入掌管文學藝術的女神──繆斯的領地／設立戶籍，從事創作／在晴朗如水、澄澈的藍天裡，欣賞有如向下灌溉似的陽光之下、自然的美景／在潔淨有如天上白雲的心田上／播撒非習見而有創意、非熟知而是創作的／文學種子

育植幼苗、除去雜草、厚植根土／代表五十歲、三月生日所在的第五十個春天來了／文學園裡隨時隨地迸發的詩文字句／順著稿紙的方格，寫成一篇一篇作品／用生命的時間織結而成的長索，串結起來／等待女神與世人的檢視評價

眼角／有意、無意之間，瞥見領主繆斯手上的桂冠；雖然期待，卻不敢希求

分析

「進入繆斯的領地／設籍」，指從事創作，「引晴朗如水的藍天灌溉」，指欣賞陽光之下，自然的美景；「第五十個春天來了」，指已經五十歲了；「用生命的長索串起」，指畢生精力盡萃於斯；「一瞥領主手上的桂冠」，指心裡的期望。以簡潔、含蓄而又富於張力的字句描寫，詩在美感之中，自然深刻。

藍天以水灌溉，心田以雲形容，上下交錯描寫之後，詩意濃烈。以「非習見、非熟知」，代替創意與創見，故意拉大認知與字句的距離，可以避免庸俗。「第五十個春天來了」，一敍年滿五十，二以「春天」兩字，暗示生日就在三月；三以「春天」暗喻人生愉快美滿，意象清晰。

五十年的歲月，可以講的內容很多，作者只以「寫作」做爲詩的主題，頗能呈現一生不易不改的心志。

（中國語文五五一期、二〇〇三年五月）

一三、白髮

喝足時間長河的水
汲取青春盛年的養分
我的頭髮有如搖曳的蘆葦

正與楓紅的秋
一起繽紛

濃密的捲曲的髮
幕也似的蓋在頂上
一點一點白色的星
把它穿透
閃耀光芒
愈多的白愈多的星
夜空一片燦爛

每天有型
從來不曾吹整染燙
髮
白得自自然然
只有美麗
沒有虛假

語解

五十年來，像喝足時間長河的水似的歷盡滄桑／從年輕到年老，像汲取青春盛年的養分似的遍嚐甘苦／我的頭髮由黑轉白，滿頭灰白的髮，有如迎風搖曳的蘆葦／正與秋天紅色的楓葉，上下相互輝映／爲整個大地染上繽紛的色彩

濃密而有光澤、捲曲而像波浪的髮／像幕覆蓋似的長在頭上／一根一根的白髮，像一點一點白色的星星／從烏黑的頭上穿透出來／閃耀著智慧的光芒／愈長愈密的白髮，像愈來愈多的星星／把本來有如夜空烏黑的頭上，點綴得有如滿天繁星般的燦爛

每天早上醒來，不必梳理，頭髮自然有其形狀／從來不曾吹風、整理、漂染、燙型／我的頭髮／白得自自在在，白得自自然然／不管是遠看或近觀，都只有「美麗」二字可以形容／沒有半點的做作與虛假

分析

本來烏黑的頭髮，經時間長河的水一分一秒的漂洗，一年一年的浸蝕之後，黑的色素逐漸褪去，潔淨的白，正向世人炫耀一個個人生各自不同的故事。

有黑有白、點點綴在頭上的白，有時飄入空中，隨風搖曳；有時拉著長長的線，好像一道道橫在夜空裡的流星。有人因見白髮而暗自神傷，我卻喜歡自然發白的頭髮；因

爲白色的髮，有如夜裡的星，有如晨曦的光，人生沒有迷茫！
（中國語文五七〇期、二〇〇四年十二月）

一四、歲　月

生命
有如一杯美酒
酒裡
刻了我的皺紋

是酒刻了我的皺紋
是我的皺紋掉進酒裡
過眼的青春
正在杯中蕩漾

拿起杯子
喝下皺紋
歲月

一一浮在
我的臉上

語解

生命／有如一杯美酒似的，既美好又短暫／我的皺紋像被刻在酒裡似的／鮮明是酒把我的皺紋刻在裡面／還是我的皺紋，在我舉杯的時候，掉進了酒裡／過眼雲煙似的年輕歲月／正在杯裡蕩漾似的，一幕一幕，湧現眼前

拿起杯子／把映有皺紋的酒，一飲而下／歲月，像被我喝下的酒，轉眼已逝／只剩走過歲月、年華老去的痕跡——皺紋／清楚的浮現上來似的，布在我的臉上

分析

首段「生命／有如一杯美酒／酒裡／刻了我的皺紋」，以頂針的手法，將「生命」直接貫到「皺紋」之上，一氣呵成的極寫生命過往的情形。二段不管「是酒刻了我的皺紋／是我的皺紋掉進酒裡」，還是「過眼的青春／正在杯中蕩漾」，都以蕩漾的筆法，極寫生命的不定與無常。三段「拿起杯子／喝下皺紋」的「喝下皺紋」，是指喝下映有皺紋的酒；「歲月／一一浮在／我的臉上」的「歲月」，是指代表年華老去的皺紋；兩者都以省略的方式，營造跳躍的美感，而使詩的趣味橫生。

先以清醒的語氣，敍寫「生命／有如一杯美酒」；次以類似醉酒的酒意，敍寫年華老去的感嘆；末以清醒與醉酒之間的微醺，敍寫自覺年華真的已經老去的感傷。詩在清醒、醉酒、微醺三種情態的交錯之下，有意有趣！

（中國語文五九五期、二〇〇七年一月）

一五、她

她像一朵開在行人眼上的花
緩緩走出雅典古城、羅馬古道、史特林古堡的優雅
驚起一路遐想

心如葉子忘情的掉在她的身上
擷取一點美麗
把腦中的記憶凍結
雀躍的單獨的留在夢裡

語解

她美得像一朵花，開在過往行人眼上似的，大家都以欣賞的眼光向她注視／她慢慢的走著，好像優雅的走在雅典的古城、羅馬的古道、史特林的古堡上／整條路上的人，都因她而引起美的聯想

心如葉子，忘情的、不由自主的掉在她的身上／想要擷取似的記住一點點她的美麗／把腦中原有的記憶凍結／以喜悅的心情，單獨的把她留在自己的腦中、自己的夢裡

分析

以具體的事物，將抽象的意念落實在文字之上，最好採入修辭的辭法，而且以多樣的、變化的辭法一路描寫下去，才能寫就出人意表、文采華美的作品。如首段從「她像一朵花」、「她像一朵花，開在行人的眼上」、「她像一朵開在行人眼上的花」，到「驚起一路遐想」句前，加上「緩緩走出雅典古城、羅馬古道、史特林古堡的優雅」，形容她美的情態；從簡單的譬喻「她像一朵花」，寫到想像的「驚起一路遐想」，才能自然的散發出詩意來。

本詩以「花」形容她的人；以走在古城、古道、古堡的優雅，描寫她的情態；以「遐想」側寫她的美麗；以心掉在她的身上，形容人的忘情；以擷取美麗描寫心的嚮往；以

凍結記憶、把她留在夢中，極寫對她的讚美。尤以「雀躍的單獨的留在夢裡」的「夢」字，代替一般常用的「心」或「腦」字，更使詩意頓時洋溢了起來。

（中國語文五五九期、二〇〇四年一月）

一六、一個熟悉

沒有桃花而林立古木的桃花源
日治垂入民國的葉
已經稀疏
相依相偎的整齊的家
大半夷成冷漠的傲慢的樓
拔地而起
俯瞰從前

街道塗去色彩
公園將成綠洲
與世無爭在凡事必爭的社會裡
逐漸剝損

幾間殘存的日式古宅
餘悸猶存的望著明天
迎風哆嗦

油杉嶙峋的攤開雙手
看漸行漸遠的悠閒遠去
黑松則被搬到大馬路旁
強迫入世
熟悉的人來找熟悉的物
有如夢醒的晨
不再熟悉
而陌生的移植的另樣熟悉
正在麗水街上蔓延

語解

本來古木林立、沒有繽紛的桃花，卻彷彿是桃花源的地方／從日治時代進入民國時代的葉／因樹木大半已被砍伐，所以綠葉逐漸的稀疏了／本來相依相偎、彼此緊緊黏靠的整齊的家／大半已被拆除，建造因單調而顯得冷漠、因聳峙而顯得傲慢的大樓／從地面突然高起／俯瞰街道，有如正在憑弔從前低矮的房子

街道兩旁木屋豐富的色彩，已被灰色的水泥取代／公園孤立在大樓之中，有如沙漠裡的綠洲／與世無爭的桃花源，在凡事必爭的社會裡／逐漸的剝損了／幾間殘存的日本宿舍／僥倖的暫時逃過拆除，卻餘悸猶存似的，對著明天可能會被拆除的命運／茫然的立在風中打著寒顫

油杉嶙峋的、瘦削的伸展枝條，好像攤開雙手／無奈的望著愈來愈遠、愈來愈無法再保有的悠閒生活遠離而去／黑松則被搬到大馬路旁，當做造景／強迫進入繁華的人世，不得安寧／住過這裡、熟悉這裡的人，回來尋找從前熟悉的景物／有如夜夢醒來的早晨，回想夢裡的情景／已經不復記得似的不再熟悉了／而陌生卻一致的，從他處模仿而來、好像移植似的遍地高樓／正在麗水街上一棟接著一棟、蔓延似的築蓋起來

分析

沒有桃花，卻好像是桃花源地；大半夷平，卻蓋起高聳的大樓；與世無爭，卻在凡事必爭的社會裡剝損；不再熟悉，卻產生另樣的熟悉。詩以對比的手法，將意象鮮明的、細膩的描寫出來。

「日治垂入民國的葉／已經稀疏」，將「日治」與「民國」代表時代的時間，轉化

爲空間之後，以葉垂入、具象敍寫歷經兩個時代的情形。「相依相偎的整齊的家／大半夷成冷漠的傲慢的樓／拔地而起／俯瞰從前」，將代表空間的「高樓」，轉化爲代表時間的現在，而以「俯瞰從前」抒發對從前的憑弔之情。詩以轉化的手法，將時間與空間具體的、親切的攤在字句之間了。

以「熟悉」爲題，情景卻已不再熟悉；憶想的惆悵的迷離，油然而生。

（中國語文五六四期、二〇〇四年六月）

一七、別墅

青山為地，綠樹為人，你我則是全鎮的貴賓
盤旋的雲是時間的指針
不指過去不指現在不指未來
指向悠閒
而風的大小剛好
不會吹亂心情

明亮如洗、落落大方的房舍
從坡緩如流、玲瓏有致的草地上

升起
逼臨的美感、奔放的情味逐日滋長
太陽也想分享
整天在屋頂在窗口在門縫
探頭徘徊

鎮裡恬靜的湖，彷彿一張橫置的琴
任由雁鴨撩撥
沿鎮蜿蜒的氣息，拂過髮際
旋律清晰可辨
很多的聲籟在此交響
沒有雜音
如有
那是一雙一雙遠眺的喝采

語　解

青山環繞的土地上，樹木有如原始的住民，到處綠意盎然；前來此地的你和我，則像偶然進入桃源而普受歡迎的貴賓／天上的雲，好似時鐘上移動的指針，不斷的來回盤旋／不在乎過去，不在乎現在，不在乎未來／而像別墅一樣的悠閒／不疾不徐的風，大小剛好怡人／不會吹亂人的心情，而引起人的不悅

明亮開朗、有如才被洗淨，線條簡潔、落落大方的房舍／從坡度平緩有如水流、起伏有致一路綿延的草地上／由土裡慢慢升起似的，站在眼前／美得令人不得不近看的美感、濃得令人不得不感動的情味，與日俱增／太陽似乎也想分享／整天把光灑在屋頂、投入窗口、射進門縫／徘徊不前似的緩緩移動，探頭探腦似的照在別墅之上

別墅裡恬淡寧靜的人工湖，彷彿一張平躺橫放的豎琴／任憑雁鴨有如撩撥琴絃似的划水嬉戲／沿著別墅蜿蜒流動的氣息，輕輕的拂過髮際／好像五線譜上高低起伏的音符，彈奏出來的旋律，分明清晰／很多自然的天籟在此交響協奏／和諧而無雜音／如有雜音／那一定是一雙一雙從遠處眺望別墅，不由自主所發出來的喝采聲

分析

「盤旋的雲是時間的指針」，指雲在上空來回飄蕩，有如時鐘上旋轉的指針；「太陽也想分享／整天在屋頂在窗口在門縫／探頭徘徊」，指別墅充滿陽光，太陽整天都從屋頂、窗口或門縫，將金黃的光輝灑了下來；「沿鎮蜿蜒的氣息／拂過髮際／旋律清晰可辨」，指清新的空氣，好像五線譜上高低起伏的音符一般的流動著。詩以譬喻、以比

擬、以移覺的手法，將別墅不一樣的美，呈現了出來。

「青山爲地，綠樹爲人，你我則是全鎮的貴賓」與「逼臨的美感、奔放的情味逐日滋長／太陽也想分享」兩節，都於描寫之後，再將詩意遞進一層；「逼臨的美感」，向人而來；「奔放的情味」，向外而去；詩以一來一去的角度，描寫相同的事物，機趣橫生。「不指過去不指現在不指未來／指向悠閒」與「很多的聲籟在此交響／沒有雜音」兩節，都在狀似矛盾之中，活化了原有的意象。「明亮如洗、落落大方的房舍」與「從坡緩如流、玲瓏有致的草地上／升起」兩節，都以譬喻「明亮如洗」、「坡緩如流」，與轉化「落落大方」、「玲瓏有致」的辭法描寫，詩有整齊的美感，也有錯落的變化。

（中國語文五七七期、二〇〇五年七月）

一八、斜坡風景線

像跨年直射長空的煙火
競從料峭的寒裡擎出
像過節怒放心花的蜂炮
忘情的在春天醺然的醉裡
滿地穿梭
像突然彈自林間的螢火蟲

遠遠的逸出一彎遐想的
綠
雲的雲影霧的霧絲水的水氣露的露珠
都在這裡徜徉

不是蒼翠欲滴，而是鮮潔如水
不言起伏有致，卻也緩移如坡
嫩嫩的、淺淺的、深深的綠
在寧靜如禪的草地之上
熱鬧奢華
人
一野悠閒

語解

好像跨年時，直向天空迸射的燦爛的煙火／爭先恐後的從料峭微寒的天候裡，擎起頂出似的競冒新芽／好像過節時燃放的蜂炮，心花怒放似的輻射而出／渾然忘我的在生意盎然、使人醺然而醉的春天裡／滿地穿梭一般的到處滋長／好像突然快速彈自森林之間的螢火蟲／遠遠的在漆黑的夜幕裡，畫出一道弧形、而引人遐思的曲線似的，橫生一枝／長長的、綠綠的枝條／雲影、霧絲、水氣、露珠／徜徉嬉戲似的，每天聚在這裡徘徊著

不是如樹如林、蒼翠欲滴，而是如茵如毯、鮮潔如水／不是起伏有致、有山有谷，卻也如挪如移、坡度和緩／嫩嫩的新芽、淺淺的杈枒、深深的枝條／在這恬靜寧謐、富有禪趣的草地之上／熱鬧喧嘩似的競相吐露綠意，奢侈豪華似的揮霍春天的氣息／而在斜坡草地上散步的人們／則愉悅的享受整片野地的悠閒

分析

因爲春來草地競吐新芽，新芽有如一支支向上迸放的綠色煙火，所以說「像跨年直射長空的煙火／競從料峭的寒裡擎出」。因爲杈枒遍地滋長，到處綿延，有如輻射而出的蜂炮，所以說「像過節怒放心花的蜂炮／忘情的在春天醺然的醉裡／滿地穿梭」。因爲突然伸展的長枝條，有如一彎消逝在森林之間的螢火蟲，所以說「像突然彈自林間的螢火蟲／遠遠的逸出一彎遐想的／綠」。前段以煙火描寫向上冒出的新芽，以蜂炮描寫橫向滋長的杈枒，以螢火蟲描寫偶爾伸展出來的長枝條。

不是樹林，而是草地，所以「鮮潔如水」；不是山谷，而是坡地，所以說「緩移如坡」。競相滋長的芽，狀似喧嘩；享受春的氣息，就是奢豪，所以說「熱鬧奢華」。恬

靜寧謐，就有禪趣；整片綠地，悠然自在，所以說「寧靜如禪」、「一野悠閒」。後段以對比的手法，描寫人對草地的喜悅，與人在草地之間的歡愉。

「熱鬧奢華」的草，如煙火、如蜂炮、如螢蟲，春來俱發；「一野悠閒」的人，在「寧靜如禪」的草地上，是遐想、是徜徉、是悠遊；動靜自如的斜坡，風景無限！

好友林文雄先生與其夫人黃秀雲女士，邀約我與梅娜前去陽明山一遊。因目睹整片綠意的斜坡，因感動林兄時常好意的邀約，所以寫了這首詩，做爲紀念。

（中國語文六一二期、二〇〇八年六月）

一九、馳

脫去朝九晚五的
制服
向沒有盡頭的
盡頭
馳去

八十、九十、一百……
平坦有如地平線的

高速路上
紅色的鳥
筆直的
飛

語解

像脫去早上九點上班、下午五點下班的／制服一樣，暫時擺脫每天千篇一律的生活／把車子開向一望無際、無法看到盡頭的／遠方／奔馳而去

碼表上的時速，從八十、九十、一百……一路攀升上去／在平坦有如地平線的／高速公路上／紅色的車子，有如一隻紅色的鳥／筆直向前的／像飛也似的快速奔去

分析

首段敘馳的動機，二段則直承首段的「馳」字，具體描寫馳的情形。

首段以「朝九晚五的制服」，形容每天缺少變化的生活；二段則以「紅色的鳥」形容車子，「筆直的／飛」形容車子快速奔馳的情形。全詩係以譬喻的辭法爲主，在譬喻與轉化、譬喻與誇飾兩相融和的技巧之下，詩意盎然。

（中國語文五五六期、二○○三年十月）

二〇、飄泊

藏起滾燙的太陽
以雪白的白雪發光
相堆相積相重相疊的雲
橫成一天滲澹的堅實的牆
擋去春夏
任綠凋黃

凋黃的綠
踽踽飄泊於黃昏的迷途的冷裡
一聲跌落的嘆息
驚醒
兩排街燈

語解

把炙熱的、滾燙的太陽收藏起來／以雪白的白雪，整地白色的亮光代替太陽／多得相互堆積、相互重疊的雲／籠罩著整個上空，一望無際，好像在天上築起一道橫向的、灰白的、厚實的牆／擋去春天和夏天盎然的生意／而任憑秋冬降臨大地，綠葉枯黃凋零

凋零枯黃的葉／獨自的在黃昏的暮色裡迷路了，在寒冷的天氣裡飄泊著／葉子掉在地上，發出一個有如嘆息的聲音／驚醒似的，將／路旁的兩排街燈點亮了

分析

類疊能以相同的性質或相近的事物，寫出更多、更廣、更有趣味的詩句。如首段「相堆相積相重相疊的雲」，在堆積重疊之間，各植入一個「相」字，已把本來不少的雲，寫得更多、更厚了。

長句可以同時將某一事物的性質、顏色、時空、經過，雜揉而成連綿不絕的詩句，使讀者在逐字逐句的咀嚼裡，得到迴環曲折而內容豐富的體會，如首段「橫成一天滲澹的堅實的牆」，「慘澹」是灰白色，「堅實」是性質；顏色加上性質，雲的形象已經鮮明。二段「踽踽飄泊於黃昏的迷途的冷裡」，以「踽踽」的孤獨、「黃昏」的天色、「冷裡」的氣候、「迷途」的情形，描寫「飄泊」無依的樣子；這片飄泊的葉，好像正從眼前飛了過去。

本詩以「雲」爲牆，以「雪」代替陽光，詩意壯闊。以「一聲跌落的嘆息／驚醒／兩排街燈」，轉化活現全詩的情境，詩句自然。首段一、二、四、六句的陽、光、牆、

黃，押平聲的七陽韻。次段二、三兩句的裡、息，押國語「ㄧ」的韻母；四、五兩句的醒、燈，押國語「ㄥ」的韻母，音韻流轉，可以一讀！

（中國語文五五九期、二〇〇四年一月）

二一、牆

切出一方一方矩陣
站在土地中間
沒有正面，沒有反面
僅有是非

日夜手牽著手
親如兄弟
你的、我的
卻須分個清楚
如有踰越
就是壞人

語解

把本來完整無際的大地，切割出無法數計、矩陣似的大大小小的方格／一堵一堵的牆，像在土地中間站著似的高高砌起／從正面、反面看去，樣子都相同，沒有正面、反面之分／只表達在此方格之內，主人進入爲「是」，非法侵入則「非」

手牽著手似的日夜守護著／一線相連，親近有如兄弟一般／但牆內、牆外，屬於你的或屬於我的／卻須以牆爲界，彼此畫分清楚／如果有人企圖踰越，翻牆而入／就是壞人

分析

「站在土地中間」，指矗立在大街小巷；「切出一方一方矩陣」，指國與國、城與城、家與家均以牆爲界；「沒有正面，沒有反面」，指從外表看來，大同小異；「僅有是非」，指如非主人，侵入就是不對。

「日夜手牽著手」，指忠心守護主人；「親如兄弟」，指一線相連；「你的、我的」，指牆站在土地中間，隔開你我；「卻須分個清楚」，指各個圍牆之內，各有主人；「如有踰越」，指企圖侵入牆內；「就是壞人」，指非請莫入。

本詩係以設身處境的手法，從牆的外觀敘及牆的作用，文字簡潔，意象靈動。

（中國語文五七三期、二〇〇五年三月）

二二、街道

整排房子
堆在一起
把人擠到
路上
後車趕著前車
前車追著時間
似乎正在尋找

只有迷途的轉彎
沒有終點
生命在此生生不息
到處都是出口
卻不曾有人
真正走了出去

仗恃直覺
人
並不死心
街道依然繁忙

語解

一排一排整齊的房子／層層疊疊的堆在一起／人在到處都是房子的情形之下，無地容身／只好走到路上／路上後面的車子，追趕著前面車子似的一路尾隨／前面的車子追趕著時間似的風馳電掣／他們似乎都在尋找一些、或追求一些什麼

只有足以讓人迷路的大大小小的轉彎／轉彎之後又有轉彎，轉彎之後又有新路，路上沒有真正的終點／人的生命，在此路上生生不息的生活著／乍看之下，一個轉彎就是一個出口，到處都有轉彎，到處都有出口／卻從來沒有任何人／真正從人的世界走了出去

仗恃直覺而不用頭腦思考／人／對於自己執著的目標，並不死心／每天仍在路上奔馳，因此大大小小的街道，依然繁忙

分析

首段「路上」一句，既承上文整排的房子，把人擠到「路上」，也啓下文「路上」車子前後互相追趕；詩在承啓之外，別具動態的美。「後車趕著前車／前車追著時間／似乎正在尋找」一節，後車追著前車、前車追著時間，而追著時間的目的，則是爲了「尋找」；詩在層遞之外，又具流轉自如、柳暗花明的趣味。

二段「只有迷途的轉彎／沒有終點」，生命卻能在此「生生不息」；「到處都是出口」，卻「不曾有人／真正走了出去」；詩以狀似矛盾卻字字合理、強烈對比卻句句自然的手法，將你我的處境，清清楚楚的寫了出來。但人「仗恃直覺」，「並不死心」，不想改變汲汲營營的當下，因此詩以「街道依然繁忙」收結，留給讀者省思的空間很大。

本詩從頭到尾，都以動態的動線流轉著，因此作品不但一意相銜，而且一氣呵成！

（中國語文五七五期、二〇〇五年三月）

二三、時鐘

將未來緊緊扭住
藏為動力
以秒針、分針、時針為扇葉

搭起一座時間的
風車
不停旋轉
青春逐漸揮發
人在永不止息的風扇裡
一代轉出一代
一代比一代更接近
未來

語解

上緊發條，像把未來的時間緊緊扭住／藏著做爲時鐘行走的動力一般／以秒針、分針、時針做爲風扇的葉片／搭起一座從過去走向未來的時間的／風車

風車不停的旋轉，時間不斷的行走／青春逐漸揮發似的，人慢慢的衰老了／人在時間永不停息、風扇永遠轉動的情形之下／舊的一代走了，新的一代又誕生了／人一代比一代，更接近／我們現在所能想像的未來

分析

以具體的時鐘，描寫抽象的時間；以具體轉動的風車，描寫抽象消逝的時間；以具體代代相承的人，描寫抽象不可丈量的未來。抽象的時間在這首詩裡，似乎可以親眼目睹。

首段敍寫時鐘，句句都是靜態；次段敍寫時間，句句都是動態。詩在以風車爲喻的時鐘裡，一動一靜，意象豐富。

（中國語文五六七期、二〇〇四年九月）

二四、鐘聲

開始的結束
結束的開始
有如制約反應似的
動的靜了
靜的動了

感嘆、興奮
夾雜著幾許肅穆

用感覺詮釋各自聽到的
聲音
緩緩的、無意的
敲

語解

開始活動到鐘聲響起時，結束了／鐘聲響起，結束之後另一個新的階段，又開始了／好像受到制約，必有反應似的／原來動的，鐘響之後靜了／原來靜的，鐘響之後動了

聽到鐘聲，有人感嘆，有人興奮／有人在感嘆與興奮之餘，還加入了些許的肅穆／每個人都用自己的感覺，以自己的感受來反應各自聽到的／鐘聲／每隔一段時間，就慢慢的、不甚經意的／敲著、響著

分析

開始或結束，都以鐘聲爲準；鐘聲每隔一段固定的時間，必然響起；每隔一段時間響起的鐘聲，不是開始，就是結束。因此詩以回文的辭法，「開始的結束，結束的開始」，敘寫開始與結束在鐘聲的制約之下，不斷反覆的情形。

「動的靜了／靜的動了」，乍看似乎與詩端「開始的結束／結束的開始」意思相同；

但仔細分辨，則知兩句除了敍寫開始與結束之外，更以「動的」、「靜了」、「靜的」、「動了」，短截的字句，摹擬鐘響的聲音。又，人「用感覺詮釋各自聽到的／聲音」，但此「聲音」卻「緩緩的、無意的／敲」，一有意，一無意，趣味橫生。

（中國語文五六七期、二〇〇四年九月）

二五、石 雕

乘著翅膀的天使
仰起頭來
想飛

腳被石座黏住
動彈不得
用力滑出雙手
使勁的掙扎

也許倦了

嘴唇微張
淡淡吐出半個嘆息

語解

展開身上的翅膀的天使／擡起頭來望向長空／做勢想飛
天使的腳被緊緊的黏在石座上／無法動彈／於是雙手用力的向前滑動／使出渾身的力量，想從石座上掙扎出來
也許是太疲倦了／天使微微張開口來／淡淡的吐出一絲絲的嘆息

分析

不說「張開」，而以「乘著」描寫伸展翅膀；不說「揮動」，而以「滑出」描寫雙手揮舞；不說「露出」，而以「微張」描寫打開嘴唇；不說「一絲」，而以「半個」描寫嘆息。用字不但具象，而且輕盈。

「仰起頭來」、「用力滑出雙手」、「嘴唇微張」三句，具體描寫天使外在的形貌。「想飛」、「使勁的掙扎」、「淡淡吐出半個嘆息」，想像描寫天使內心的情態。詩在內外交錯的描寫之下，天使的形象頗爲清晰。

本詩以旁觀的方式，寫其形貌；以設身處境的方式，寫其想法。栩栩如生的石雕，

頓時有血有肉，可觸可感。

（中國語文五七〇期、二〇〇四年十二月）

二六、燈塔

挺身而成一座界碑
讓夕陽沿著筆直的身影
一格一格爬下來
與夜相接
融成一海無限溫柔的纏綿
獨自站著

將去了又來的暗驅走
為船開道
以分離的悲和歸來的喜發光
守著夜
任頑皮的嬉鬧的浪濺溼裙襬
伴著寧靜
留住一片笑聲

取代太陽

岸上與船上
一條展向兩端的光的路上
擠滿人潮
思念
每天晚上來來往往

語解

挺起身體，成爲一座分隔兩地界線的石碑／在海陸交接的邊岸上，燈塔讓夕陽沿著筆直的、高大的身影／由上往下攀援似的，一格一格爬了下來，沉入海裡／將黃昏的暮景，引入晚上的夜色中／使夕陽在大海的懷抱裡，無限溫柔、無限纏綿的相依相偎在一起／而獨自站著

燈塔來回照射，把已經驅離、又馬上籠罩黑夜的暗趕走／隨時射出光芒，開道似的導引船隻航行／像用離別遠去的悲傷和歸來相聚的喜悅，做爲燃料發光一樣，見證了人們的悲歡離合／燈塔夜裡守在海邊／聽憑有如小孩頑皮的、嬉鬧般的海浪翻滾騰躍，濺溼裙襬似的基座／陪伴寧靜的夜／把有如歡笑的浪濤聲，歡愉的留在心中／在晚上取代

太陽，映照大海

燈塔以它的光芒，將岸上與海上的人的心，連結起來／在一條好像同時開向兩端、由光芒做成的路上／擠滿了彼此思念的人們／這些人藉著燈塔的光，遙向遠方的人思念／每天晚上往往返返似的，在燈塔的光影裡，反覆思念

分析

詩除以最少的文字，表達最多的意思之外，還得在只是平鋪直敍的語句裡，加入更多的內容，以強化原來單薄的意涵，而進一層細膩的描寫。所以首段在「挺身而成一座界碑」與「獨自站著」之間，加入「讓夕陽沿著筆直的身影／一格一格爬下來／與夜相接／融成一海無限溫柔的纏綿」一節，描寫黃昏的景色。二段則在「任頑皮的嬉鬧的浪濺溼裙襬」與「留住一片笑聲」之間，加入「伴著寧靜」一句，描寫燈塔靜夜獨守的情形。在節與節、句與句之間加入內容，可使詩的意與境更爲深廣。

本詩以燈塔爲主體，以思念爲主題，在燈塔之下，首段寫黃昏、二段寫夜晚的情景。三段則將筆觸由景移到人的身上，以燈塔的光爲路，描寫人在這條思念的路上，每個夜晚來來回回的情形。把具體的意象與抽象的意念，渾然融在字句之中，正是本詩值得欣賞之處。

（中國語文五六二期、二〇〇四年四月）

二七、鑽石

迷路的星星
被細長的鏈條鉤住
嫩白的胸前
左盪、右盪
始終無法回到天上

擦亮羨慕的眼光
燈燭暗了
一閃一閃
給了女人美麗
卻把光采奪走

語解

像迷路的星星／一不小心被細細長長的鏈條鉤住了／掛在女子嫩白的胸前／左右搖著、擺著、盪著、漾著／始終無法再回到天上像把羨慕者的眼睛擦亮似的，發出晶瑩燦爛的光芒／連燈光燭火也頓時暗淡了下來／一閃一閃剔透的光芒／使女人顯得更爲美麗／卻把女人自然煥發的光彩搶走了

分析

以譬喻的喻體爲主，逐層描寫，逐句深刻，或構思情節，自成首尾；可使詩在細膩之中，意象自然浮現；在情節之下，氣氛自然靈動。如首段以「星星」喻寫鑽石，以「迷路」描寫左右擺盪，已把鑽石掛在女子胸前的樣子，整個寫了出來。

二段以「擦亮羨慕的眼光」的「擦亮」二字，採取轉化的辭法，將被動易爲主動，極寫鑽石的晶瑩剔透。以「給了女人美麗／卻把光彩奪走」對比的筆法，寓含女人唯有兼具鑽石的「美麗」與自身的「光采」，才能自然完美。短短十行，有物有人，詩意洋溢。

（中國語文五六八期、二〇〇四年十月）

二八、石油

金屬的管
裹著液態的煙草
製作一支支巨大的雪茄
以文明的欲望點火

煙熊熊的沸騰的灼破藍天
開採石油

一加侖石油
一百噸古生物
幾千個幾萬個一百噸的古生物
供人吞雲吐霧
從地底移到天上
又形成一道黑色的聚集

語解

以金屬做成的管子／裹著有如煙草的液體／製作出一支支像巨大雪茄般的油管／以人類想把它做爲發展文明的動力的欲望，點起火來／火熊熊的燃燒著，煙像沸騰似的灼破了晴藍的天空／開採石油

一加侖石油／是由一百噸的古生物生成的／幾千個幾萬個一百噸的古生物，所生成的石油／被人開採出來，像抽煙吞雲吐霧似的隨便耗用／將本來藏在地底的石油，點燃成煙而飄到天上／又匯聚而成一道道黑色的污染

分析

金屬的管子，是雪茄的外皮；液態的石油，則是雪茄的煙草。以雪茄爲喻，將人開採石油的情形，具體的呈現在紙面之上。

爲了開採石油，「煙熊熊的沸騰的灼破藍天」；人們耗用石油「又形成一道黑色的聚集」。「灼破藍天」的「灼破」二字，是破壞；「又形成一道黑色的聚集」，則是毀壞。又是破壞，又是毀壞，人類還能活在這個星球多久呢？尤其一百噸的古生物，只能生成一加侖石油；石油生成不易，每天耗用無節，人類還有多少好日子過呢？詩在平易之中，自有深意。

（中國語文五六八期、二〇〇四年十月）

二九、決　戰

好賭的人
拿出勇氣
孤注一擲
好像
末日即將來到

不是得到一個
就是全部失去
明天
太陽還是一樣
升起

語解

喜歡以賭博心態決定輸贏或命運的人／大膽的把勇氣拿了出來／用盡一切，不計後果的去做／好像／世界末日即將來到，此刻如不放手一搏，就永遠沒有機會了

不是只能得到一個不成比例的結果／就是把自己所擁有的一切都失去了／明天／太陽還是一樣／從東邊升了上來，世界不會因爲好賭的人失去一切，而有所改變

分析

「好賭的人」，因爲「好賭」，喜歡以賭的心態決定勝負，意志似乎不易動搖；「孤注一擲」，不計成敗，即使輸了也無所謂，膽量好像很夠；但其結果，不是只能「得到一個」或小贏一次，就是「全部失去」，從此一蹶不振。好賭者「孤注一擲」，好像「末日即將來到」；其實「末日即將來到」的，是這個好賭者，而非世界；因爲即使好賭者

「全部失去」了，「明天／太陽還是一樣／升起」。

本詩文字平易，節奏明快，但其寓意卻已深遠。

（中國語文五七五期、二〇〇五年五月）

三〇、戰 火

戰爭
沿著國與國、民族與民族、部落與部落的邊線
燃起

像嗜食的野火
不顧植地千年的茂美
飢渴的把舌伸入森林

灰燼之上
新芽帶著仇恨的基因
固執成長

語解

戰爭／沿著國與國的爭端、民族與民族的仇恨、部落與部落的嫌隙／如火一般的燃燒了起來

好像貪婪嗜食、到處延燒的野火／不顧植地已有千年、翠綠茂美的大地／飢渴似的把舌頭伸入森林之中，整個吞噬

戰爭過後，在被戰火燃剩的灰燼上／彷彿新芽似的新生的一代，又帶著仇恨的心結／誓言報復，固執成長

分析

以「燃起」的火，譬喻戰爭；以「嗜食的野火」，譬喻戰爭到處蔓延；以「不顧植地千年的茂美」，譬喻戰爭毫無理性；以「飢渴的把舌伸入森林」，譬喻戰爭足以毀滅一切。

戰爭雖然足以毀滅一切，但卻毀滅不了「仇恨」；因此舊的戰爭結束了，帶著仇恨基因的新芽，卻正固執的成長著，有朝一日必將討回公道。如此一而再、再而三的重演戰爭的戲碼，有何意義好說呢？本詩文字雖少，但卻句句觸目驚心！

（中國語文五七五期、二〇〇五年五月）

三一、情欲之間

虎視眈眈蟄伏內心的欲念
像能耐高溫高壓而難以分解的狂牛病原體
沒有核酸的蛋白質粒子卻能不斷的自我複製
像愈漲愈高突然潰堤的河水
伺機傾巢而出

長長久久生生世世的誓言
不敵一個貪饞的電光石火
本質即為動物的人
原來奢言理想之外還有更為神聖的使命
佛洛伊德只為繁衍有力的說辭
每天都在不屑「制式」幸福的其人身上映演
也許潛意識裡仍然殘存絕種的危機感
所以數量高達六十億的地球人
他們還嫌太少

一夜情毀了一世情
能量少而穩定的分子結構鬆了
當你我正在為此扼腕之際
有人早已溢出幸福的認同
沿著文明皸裂的罅隙
偷溜出去

語解

潛藏內心、伺機而動的欲念／像能耐高溫、高壓，不易消滅的細菌；像難以分解、而沾染必然死亡的狂牛症病原體／自體沒有可供複製的核酸蛋白質粒子，卻能夠自我不斷的複製／像愈積愈多、愈漲愈高的河水，突然潰堤／隨時趁機全部出動

白首偕老、生死不渝的誓言／不敵一個如電光、如石火短暫激情的越軌行爲／本質就是動物的人／原來在倡言理想之外，還肩負著人類更爲神聖的繁殖的使命／佛洛伊德性爲繁衍、廣被偷腥者採爲藉口的說辭／每天都在不屑婚姻有如制式一般平常的那些人們身上映演／也許這些人在潛意識裡，仍然殘存著人類可能面臨絕種的危機感／所以地球的人數，儘管已經高達六十億／這些人還是覺得太少，因此才會在婚姻之外偷腥

一夜露水之情，毀了一世不渝之情／像能量少卻穩定的分子結構鬆了似的，溢出幸福的婚姻／當你我正在爲此感到惋惜、感到不解之際／有人早已跨越婚姻的柵欄／沿著文明皴裂也似的異常情形／偷溜出去一般的做出越軌的行爲

分析

狂牛症病原體，能耐高溫、高壓，不易消滅；沒有核酸的蛋白質粒子，卻能複製；不會傳染，但人一旦沾上此病，穩死無疑。這些現象與人的欲念，若合符節。

佛洛伊德主張：人爲生存，必然戰鬥；人爲繁衍，必有性的衝動。文明的人能將攻擊與性的衝動，轉化而成進步的動力，如果仍以低下的動物本能來呈現，則不足取！

在化學上，能量愈少、分子的結構愈穩定；能量一多，勢必產生新的變化；有如婚姻的生活，雖然平常，卻很溫馨。至於那些企求官能刺激的人，原本幸福的婚姻，當然難保！

情，是人與人間高貴的情操；欲，則是人與生俱來而未提升的本能。詩以狂牛症的病原體，敍欲念之強；藉佛洛伊德的論點，諷偷腥的出軌者；末了則以能量少，而分子結構相對穩定的化學現象，勸人珍惜平常卻溫馨的幸福。情與欲、人與獸，也許有些關聯！

（中國語文六三一期、二〇一〇年一月）

三二、孤島

眼從樹的葉間窺看奢言擁有整個天空
腳踩草的細縫誇稱大地都在這裡
自我放逐而畫地自限的人
為了身分為了安全而放棄所有的自由

層層的警衛圍起一個鐵幕
鐵幕之內春天常在青春永駐
手植一棵玫瑰即號玫瑰夫人
庭種一株紅楓就成園藝專家
臉上隨時堆滿氣質淺淺的說輕輕的唱微微的笑
彼此冷冷的漠漠的相互恭維
區內一片和諧

今天複製陶潛的意假扮義皇上人
明日襲取梭羅的情串門遊走
儘管心已遠地已偏路已長親友很少

無妨
因為窄化的言語制約的招呼同牌的面具
區內到處都有
不必新鮮

將時與空一刀截去
沒有驚奇
高懸山際形如孤島的別墅區
真真假假的生真真假假的活
現在就是未來

語解

眼睛從又細又小的樹葉之間向上窺看，誇說自己已經盡覽天上的美景／兩腳踩在又狹又窄的小草縫隙，宣稱自己擁有整片的大地／自我放逐似的搬到山邊的別墅，自成一區而住在該地的人／爲了自以爲高的身分、自以爲貴的安全，而放棄了可以自在生活、自如安排所有的自由

一層一層森嚴的警衛，好像圍起一座鐵幕似的，一關一關嚴密的把守／鐵幕裡面的

人，認爲自己處在另一個世界之中：這個世界的氣候，有如春天一般的暖和：這裡的人，有如可以永駐青春一樣的快樂／只要植栽一棵玫瑰，馬上自號爲玫瑰夫人／只要庭前種上一株紅楓，立刻自封爲園藝專家／個個裝腔作勢，隨時表現出很有氣質的樣子：刻意壓低說話的聲音、百般輕柔的哼唱歌曲、僅將嘴唇裂出薄薄的一線來微笑／彼此冷漠的看待對方，卻又言不由衷的相互恭維／大家保持一段相當的距離，因此別墅區內一片和諧

今天模仿陶潛隱逸的心志，附會風雅的擺出羲皇上人一般的悠閒／明日襲取梭羅住在湖畔的心情，串門聊天，四處遊走／儘管因爲地處偏僻、路途遙遠，所以有意前來造訪的親友很少／也無所謂／因爲講相同的敷衍的話、碰面時打出制約反應式的招呼、臉上戴著有如同一品牌虛假的面具／別墅區內這樣的人、這樣的事，到處都是／每天反覆的上演著

將時間與空間一刀截去似的，住在另一個封閉的社區裡／區內沒有新奇的、新鮮的事情／有如孤島一般的別墅區，高高的懸在山上／人人遮起真實的臉孔，過著真真假假的生活／現在如此，未來也是如此

分析

層層的警衛，一關一關的把守，有如鐵幕。外人看似鐵幕，但置身其中的人，卻沾

沾自喜的認爲自己住在一個與現實不同的世界裡。在這一個世界裡，景致永遠都像春天一樣的絢麗；這裡的人，永遠都能保有青春一般的快樂，這是憧憬。

爲了保護這個憧憬，於是人人臉上隨時堆滿氣質，個個精心仿製陶潛的意與梭羅的情。窄化的言語，只招呼、只問候、只寒暄；同牌的面具，彼此互相恭維、互相吹捧、互相認同；這是不實。

以警衛自我隔離的別墅區，以不實保護憧憬的別墅人，正在這首詩裡一一呈現！

（中國語文五九四期、二〇〇六年十二月）

三三、臺北，我回來了

夢醒

越過虛假的邊線重返生活的原鄉

大安森林公園區

從前的路從前的樹從前的人笑了

像舉翼學飛的鷹緊緊依在母親左右的我

貼著公園一圈一圈

喜樂的走

境外的世界還有另一個世界等著
逃出人群還有更多陌生的人環集
潔白的雲只在無人的地方輕颺
這裡沒有
何況有山有水一定有錯落有起伏
不如大安森林公園平整

久住麗水街
因喬移青山鎮而中斷的一年
已在今天連起
臺北
我回來了

語解

夢醒之後，憧憬滅了／越過夢與現實的交界，重新搬回有如故鄉一般親切的地方—／大安森林公園的生活圈／熟悉的道路、熟悉的樹木、熟悉的朋友，因我回來而高興的笑了／我像張開翅膀想學飛翔的小鷹，緊緊依在母親的身旁，唯恐跟丟一般／沿著大安

森林公園的步道，一圈又一圈／喜悅的快樂的走著

離開眼前並不滿意的世界，還有另一個乍看優雅、其實不然的世界等著你／逃離擁擠的人群，還有更多陌生的、不同道的人環聚在你的身旁／潔白的雲，只在無人的地方輕颺，這裡沒有／這裡不是令人嚮往的烏托邦／何況有山有水，一定有錯落不整的地形，有高低不同的生活品味／不像大安森林公園有平坦的步道、大安森林公園區有一定的水準

從臺南北上之後，一直住在麗水街上／去年因移居新店的別墅而中斷的一年／今天已經銜接起來，因爲／我又搬回臺北／臺北，我回來了

分析

「夢醒」，指憧憬與現實有段距離；「原鄉」，指生活熟悉的地方；「境外的世界」，指遠離都市的邊區；「陌生的人」，指志不同、道不合的人；「潔白的雲」，指理想的烏托邦。詩的筆觸很輕，詩的意思卻很濃。

「虛假的邊線」，一指夢想憧憬、一指現實生活的交界；「逃出人群」，一指遠離都心，一指放下人事；「有山有水」，一指別墅，一指凡有人住的地方；「有錯落有起伏」，就地勢而言，高低不平；就人而言，習性與認知不同；「平整」，「平」指地勢平坦，「整」指生活水準相差不多。詩的筆墨很淡，詩的情感卻很深。

離開新店的別墅，回到居住長達三十年的臺北，我開懷的笑了！

（中國語文五九四期、二〇〇六年十二月）

三四、朋友

打開話匣
言語像乘著翅膀的車子
翩然自在的沿著高速公路飛馳
休息站是景物，收費站是顛簸，終點站則是另一個
新的起點
無垠無涯

端起杯子
茗茶冉冉蒸騰的芳香
瀰漫而成山林清暢的空氣
來來往往的聲波
一陣一陣
隨興的直向四周溢出

而偶爾潰堤的爆笑
恰如側身閃過雲翳的晴陽
　瞬間耀眼

沒有驚濤，沒有駭浪
淺淡如水、深厚如潭的交情
二十年
彷彿如茵的原野盎然的一路綿延
倘若我有兄弟
蔡秋文　就是

語解

打開話題／言語像乘著翅膀的車子，天南地北的聊了起來／無拘無束、暢所欲言，像車子沿著筆直的高速公路，一路奔馳而去／休息站只是一瞥即過的景物，收費站只是偶爾顛簸的坑洞，終點站則是另一個／新的起點／無邊無際的無所不談
端起杯子／茗茶芳香的氣息，隨著冉冉升起的熱氣撲鼻而來／好像山林裡清新的空

氣，一時到處瀰漫／彼此來來往往交談的聲音／你一句、我一句隨興的／充滿整個空間／而有時像河堤潰決、大水洶湧而出的爆笑／彷彿是側著身體、閃過烏雲遮掩的晴朗的太陽／瞬間射出萬丈的光芒

不用驚濤一般的可歌可泣，不用駭浪也似的出奇情節／淺淡有如透明澄澈的水、深厚有如無法見底的潭一般的交情，不必經過驗證，自然誠摯／已經二十幾年了／二十幾年的交情，彷彿如茵的原野，盎然的一路綿延而去／我有兩個胞弟；但如果上天可以讓我選擇兄弟／我一定選擇蔡秋文先生

分析

好朋友是無所不談的，所以只要話題一打開，就好像行駛在高速公路上的車子，不但暢行無阻，而且無遠弗屆。好朋友是相契相合的，所以只要端起一杯茗茶，就彷彿處於山林之中，吸納而入的是清暢的空氣，響在耳際的是悅耳的鳥鳴；即使偶爾聲振林木的爆笑，也有如才剛閃過雲翳的晴陽，四周一片開朗。

伯牙絕絃鍾期的傳說，也許膾炙人口；鮑叔牙不棄管仲的往事，也許傳爲美談。但我認爲真正的交情，是不必經過任何驗證，自然就是誠摯；不必加上任何理由，自然就是信實的。看似無物、其實豐富的水，正是君子之交最好的注解！

如兄如弟而更勝兄弟、一路相挺而至今仍然鼎力幫忙的建宏出版社的經理蔡秋文先

生，的確惠我良多，因此我寫了「朋友」這首詩。

（中國語文六三九期、二〇一〇年九月）

三五、春暉（張梅娜作）

——獻給母親張蔡碧月女士

雍容的母親已成慈藹的阿嬤
高齡七十有七的張蔡碧月女士
依然樂天

樂天的說樂天的笑樂天的看
只有包容，沒有嫌怨
儘管曾經抖著縫針，倚著冬夜再綴再補
儘管有過數著米粒，扶著希望捱日過活
裹著疼惜、憐惜、愛惜的心
還是強力撐起一隅蓬蓽
翼護幼小

沒有是非可以讓人是是非非，是最大的是非
沒有短長可以引起短短長長，是最多的短長
從前嗷嗷待哺的子女
如今環拱而成一座閃亮的后冠
熠熠生輝
假使世上仍有傳說的媽祖
我想
就在眼前

語解

雍容嫺雅的母親，如今已經成爲和藹可親的阿嬤了／高齡七十七歲的張蔡碧月女士／即使年事已高，仍然保有一派的知命與樂天

每天樂天的說說笑笑，樂天的看待事情／只有包容與同情，沒有任何的嫌棄與埋怨／儘管曾經以發抖的手拿著縫針，在深冬的夜裡綴綴補補，勉強維持家計／儘管有過數著米粒，不知還有明天，只靠一家大小得以平安度過微小的希望，捱過苦難的日子／始終懷著疼惜子女、憐惜親人、愛惜萬物的心／還是咬緊牙根，努力撐起一處可以遮風蔽雨的房子／保護子女

沒有紛爭可以讓人指指點點，是最令人喜歡談論的事情／沒有閒話可以讓人說長論短，是人們最樂於稱道的話題／從前無所依憑、竭力撫養的幼弱的子女／如今個個都有一定的成就，個個都將他們的成就呈獻給母親／有如獻上一頂閃著光輝的后冠／假使世上還有傳說之中的媽祖／我想／眼前的母親就是

分　析

因爲「樂天」，「抖著縫針」、「數著米粒」也不以爲苦，所以子女才能「熠熠生輝」；因爲「雍容」，「只有包容，沒有嫌怨」的待人處事，所以人們才以「沒有是非可以讓人是是非非，是最大的是非」稱道；因爲「慈藹」，始終懷著「疼惜、憐惜、愛惜的心」撫養子女，所以才能有如「世上傳說的媽祖」。

樂天知命，是母親的個性；休休有容，是母親處事的態度；至於憐憫的心，則是母親的待人之道。母親，一輩子平平實實；但在平實之中，卻不平凡。世上讚美母親的形容詞很多，但也唯有常被掛在嘴邊的「媽祖」一詞，才能與我的母親相襯！

寸草，也許還不足以形容我的卑微；但「春暉」，絕對可以做爲我的母親的代名詞！

（中國語文六二三期、二〇〇九年五月）

第三章　詩寫時代

一、樂透彩券

樂透中獎的機率
一張五百二十四萬分之一
兩張則非二百六十二萬分之一
而是五百二十四萬減一
之一

五百二十四萬
有如點點面露閃爍的、嘲弄的笑容的星星
人不理會這個數字
只要同時中了六碼
就能走入金島、銀島的夢裡

重現貴族揮灑奢華、修築情欲的夢
區區六個四十二分之一
好像阿姆斯壯登陸月球時
腳踩沙土留下的足跡
清晰可辨

每期都有人樂
每期樂的都不是我
人不相信下期樂透的人
又是別人

語 解

樂透彩券中首獎的機率，一張有五百二十四萬分之一的機會／兩張卻不能簡化為以二相除的二百六十二萬分之一／而是一張不中的五百二十四萬減一／之一

五百二十四萬這個天文數字／好像天上一點一點臉上露出閃爍而神祕的、嘲弄而不以為然的笑容的星星／人不理會這個微乎其微的數字／人相信只要同時輕易的對中六個號碼／就能走入金島、銀島，擁有無盡財富的夢裡／重溫古代貴族揮霍錢財而奢侈豪華、

實現隨心所欲而無所不能的夢／自區區四十二個號碼選出六個，每個號碼選中的機會，
高達四十二分之一／好像美國太空人阿姆斯壯登陸月球時／人類首次把腳踩在月球表面
的沙土上，留下的足跡一般／從地球遠眺過去，並不清楚，人卻覺得清晰可辨

每期都有人中首獎／每期中獎的人都不是我／但人不相信下期樂透中獎的人／不是
自己，又是別人，所以滿懷信心，繼續購買下去

分析

一張樂透彩券中首獎的機率，只有五百二十四萬分之一，渺茫的機會只能試試運氣，而不能當做投資。但有些人卻故意忽視這個幾乎無法中獎的數字，而想像樂透只有四十二個號碼，四十二個號碼只要中了六個，就能贏得上億、上千萬的財富，於是以大把大把的鈔票，伸手去抓實際上還是五百二十四萬分之一這個運氣。本詩即以主觀的四十二與客觀的五百二十四萬分之一，對舉成詩，寫盡時人心想投機致富、可憐可憫的心態。

除了以兩組數字對比之外，詩中又以「只要同時中了六碼／就能走入金島、銀島的夢裡／重現貴族揮灑奢華、修築情欲的夢」，極寫人買樂透時，心裡的侈想。尤以走入人人都有的夢裡「走入金島、銀島的夢裡」，修築一個屬於自己的夢「修築情欲的夢」；兩夢相疊，都是來自樂透的夢，樂透的夢似乎顯得更遙遠了。

（中國語文五五九期、二〇〇四年一月）

二、SARS

頂著頭冠
狀似王者
成千上萬集結在人的口沫裡
蓄勢搶灘登陸
建立白肺的帝國

無視節節升溫的紅色警戒
複製自己以擴張軍力
未理一咳再咳的聲聲求援
暴量增殖以壯盛軍容
SARS
不循傳統的直線進兵
改採輻射方式偷襲
嫌舟車的移動太慢
而乘飛機快速空降

災難
法老王不曾言及的詛咒
硬以生物初具的雛形
出現
絕對的原始與絕對的進化對陣
絕對的召喚與絕對的抗拒肉搏
從文明的破洞——
中國廣東崛起

人
除了距離
還有口罩修築藩籬
臺灣隔著海峽
遠離中國
地球一村一村
正把面向中國的大門

緊緊閉鎖
苦思良策

亙古長存的人類
決戰
二十一世紀嶄新的病毒
嚴重急性呼吸道症候群（中國肺炎）
勢必偕同天花、瘟疫與瘧疾
雌伏匿跡
但普世自由、和平的春景
依然須憑想像

語解

好像頂著頭冠的冠狀病毒／有了頭冠，好像就是王者似的／成千上萬聚集在人的口沫之中／等待機會，以飛沫從人的眼睛、口鼻傳染，搶灘登陸的進入人的身體／攻擊組織，導致肺部壞死，而在X光下，呈現一片慘白的影像，有如病毒建立的白色的帝國無視於人體發燒，節節升高溫度的警戒防禦／一個複製一個，擴張病毒的勢力／不理睬人有如求救一般，連續乾咳的聲音／大量繁殖，急速增加，壯大病毒的陣容／SARS／不採取傳統正面的、直線的方式進兵／卻改用向四面輻射、暗中偷襲的手段傳染／嫌水路的船隻、陸地的車子，搬運的速度太慢／而以飛機做爲工具，快速的空降病毒，造成／人類的大災難

法老王不曾說過的詛咒／病毒硬以生物在地球上，剛剛具有雛形時簡單的結構／出現在今天的世界／絕對原始的病毒和絕對進化的人類對陣／想要回歸原始的病毒和想要保持進步的人類肉搏／病毒從文明世界的破洞——仍未真正進入文明世界的／中國廣東，毫無預警的突然竄起

人與人之間／除了保持距離、以策安全之外／更戴上口罩，保護自己的性命／臺灣隔著遼闊的臺灣海峽／遠離中國，遠離病毒／地球有如一村一村的一國一國／不但禁止中國人入境，而且還把各地海關的大門／緊密的關閉、小心的鎖好／然後絞盡腦汁，研發解藥

從古到今、緜延不絕的人類／決戰／二十一世紀嶄新的病毒／嚴重急性呼吸道症候群（中國肺炎）／勢必與以前曾經出現的天花、瘟疫、瘧疾一樣／爲人治癒馴服而銷聲匿跡／但各國均能享有自由、民主，普世均能和平相處，有如春景一般美好的世界／依然難於實現，只能憑著想像去憧憬

分析

文學就是生活，就是現實。以文字寫出每天的感動，並留下深刻的經驗，也是創作者應該肩負的責任。因此我以「SARS」這首小詩，記錄我們這個時代、曾經經歷的這件事情。

首段「頂著頭冠」，是指SARS屬於冠狀病毒；「狀似王者」，是從「冠狀」二字而來；「成千上萬集結在人的口沫裡」，是指病毒很小，藏身在口沫與痰裡的情形；「蓄勢搶灘登陸」，是指病毒以飛沫的方式傳染；「建立白肺的帝國」，是指一旦染病，在X光下，肺部一定呈現慘白的影像。

二段因爲染病者一定會發燒、乾咳，所以說「節節升溫的紅色警戒」、「一咳再咳的聲聲求援」；因爲病毒以複製大量繁殖，所以說「複製自己以擴張軍力」、「暴量增殖以壯盛軍容」；因爲病毒以輻射而非直線、藉飛機而非乘舟船的方法散布，所以說「採輻射方式偷襲」、「乘飛機快速空降／災難」。

三段以「法老王不曾言及的詛咒」，極寫病毒的兇狠；以「原始」的「召喚」與「進化」的「抗拒」，極寫原始病毒與文明人類對決的情形；以「從文明的破洞——中國廣東崛起」，極寫病毒源自中國，但中國卻一再隱瞞疫情，致使世人察覺中國肺炎時，已經一發不可收拾的事實。

四段敘人與人之間，用距離、口罩保命；臺灣隔著海峽，遠離中國；一百多個國家，拒絕中國人入境；將世界各國恐慌的情形，搬進讀者的視野。世界各國雖然恐慌，卻共同「苦思良策」，詩在此句一轉之後，人類又再度看到希望的曙光了。

末段從遠古寫起，相信病毒最後必將「雌伏匿跡」，但中國何時才能自由、民主，世界何時才能得到真正的和平呢？「依然須憑想像」六字，看似輕盈，其實重達千斤、萬斤！

（中國語文五五三期、二〇〇三年七月）

三、禽流感

邊飛邊說抱歉
迷航誤入領空的鳥
俯首請罪
匆匆掠過

一住森林，一住平地
禽鳥與人隔著草原相安無事
聰明的人取下祖先高懸的承諾
焚林侵佔

步步進逼
單純的信任的歌聲沒了
禽鳥日夜哀啼

有怨的鳥
將病將毒注入身體之內
自殺殺人
H5N1 要命償債的遊戲
正在中國、印尼、俄羅斯、土耳其流行
退出森林、退出森林……
成群嘶喊的候鳥

嚴厲警告

語 解

一邊飛翔、一邊連連說著抱歉／因爲如船迷航、失去方向而誤入人類領地的禽鳥／在天上低下頭來，好像正在向人請罪似的／匆忙的飛掠過去禽鳥住在森林，人類住在平地／禽鳥與人隔著寬闊的草原，彼此相安無事，互不往來／部分自以爲聰明的人，不再遵守先人從不破壞自然生態平衡的原則／焚林開墾，侵佔禽鳥棲息的地方／逐漸開發，步步進逼禽鳥生活的領地／單純的禽鳥，相信人類不會前來打擾，而每天歡愉鳴叫的歌聲消失了／無奈的禽鳥，只能日夜低號哀啼

心懷怨恨的禽鳥／將流感的病毒注入體內似的感染生病／然後把足以殺死自己的病毒，傳染給人類／禽鳥傳染給人類，人與人間也可能相互傳染的病毒——H5N1，有如禽鳥被人逼走、回過頭來將病毒傳染給人類做爲報復，而所進行的一場要命索債的遊戲／正在中國、印尼、俄羅斯、土耳其等國境內大肆流行／退出森林、還我領地，退出森林、還我領地……／成群從頭上飛過，因大聲鳴叫而幾近嘶喊的候鳥

好像正對著人類，發出嚴厲的警告

分析

「俯首請罪」，指禽鳥不敢主動打擾人類；「取下祖先高懸的承諾」，指人類爲了開墾，不顧自然界原有的生態平衡；「將病將毒注入身體之內」，指禽鳥本身感染了禽流感；「自殺殺人」，指禽鳥自己染病之後，再將病毒傳染給人類；「H5N1 要命償債的遊戲」，指禽鳥因被人逼走，而心有不甘，而以禽流感的病毒向人類報復。詩在人與禽鳥、轉化與反省之間，將人不當開墾的情形，具體寫了出來。

首段以轉化的手法，敍寫禽鳥與人本來互不侵犯，禽鳥如果誤入人類的領地，一定低頭請罪，「匆匆掠過」，暗示人類也應尊重禽鳥棲息的地方。二段以人的口吻，反省人類因爲開墾、因爲焚林而移居禽鳥的領地，才會染到禽流感。三段又以轉化的手法，敍寫禽鳥以「自殺殺人」的方式，警告人類不要再破壞自然了，否則災禍必然不斷。本詩雖以「禽流感」爲題，其實字字都在生態保護之上。

二〇〇五年秋冬之際，禽鳥相互傳染、禽鳥傳給人類、人與人間可能爆發流行的病毒——H5N1禽流感，源自中國之後，從亞洲翻山越嶺，傳到世界各地。值此災變，人類除了恐慌之外，是否也該有些反省呢？因此我寫了「禽流感」這首詩。

（中國語文五八二期、二〇〇五年十二月）

四、火星來了

聽說火星來了
人像急著浮出水面呼吸的魚群
紛紛擡起頭來
想看究竟

「火星上有運河！」

夏帕雷利圖上畫的百條溝渠
即使未經證實
人仍然莫名感動的奔相走告：
沙漠、礫石冷峻的外表之下
孕育生命無限溫柔的水
始終豐滿
零下一百八十的酷寒
晚上才有
白天則是春意習習的雙十度數
從此地球可污可染可棄可遺
世界末日不再驚恐
火星就是活路

打破七萬三千年來不即不離的禁忌
以五千六百萬公里的短距欺近地球
火星燃起熊熊的火炬
照亮夜空

請人看個清楚
地球才是故鄉

語解

聽說火星來了，火星又接近地球了／人像爭先恐後、急著浮出水面呼吸的魚群／紛紛擡起頭來，望向東南的夜空／好奇的想看看火星真實的樣子

「火星上有類似人所開鑿的運河！」／自從一八七七年義大利天文學家夏帕雷利，在觀測火星的紙上，畫有百條河道的圖形之後，人就一直如此的認爲／即使未經證實／人仍然懷著無以言喻的感動，相互傳說火星可以居住的佳音：／人們認爲在火星滿布沙漠與礫石，冷峻荒蕪的外表之下／足以孕育生命、足以做爲生物搖籃而無限溫柔的水／始終豐沛、充盈的存在於火星內部／火星攝氏零下一百八十度酷寒的氣候／只有晚上才會出現，人應該可以輕鬆的克服／白天則是有如春意徐徐吹拂的二十度左右／從此地球可以污染而不必維護，可以遺棄而不必加以珍惜／如果地球有天無法居住，世界末日就要降臨，人也不再驚懼害怕了／因爲人們認爲火星可以取代地球，移民火星就是地球毀滅之後的活路

火星打破七萬三千年來各自運行軌道，與地球保持一定距離的規則／故意以五千六百萬公里、最短的距離接近地球／火星燃起熊熊的火炬／照亮夜空，照亮自己，照亮地

球／懇請人們看看蒼茫的夜空，看看幻想中的火星，看看自己居住的地球／人不必心存僥倖，火星並不適合居住；在蒼茫的夜空之下，人除了地球之外，目前並無其他地方可去，人應該好好珍視自己生存的地球

分析

二〇〇三年八月二十七日，是火星七萬三千年來、以五千六百萬公里的短距，與地球最接近的時候。值此天文盛會，人們無不紛紛擡起頭來，瞻仰火星的風采。一八七七年，義大利天文學家夏帕雷利把觀測火星多年的心得，繪製成圖，圖上畫有類似人所開鑿的百條運河。從此歐美各國競相發射火箭探測，人們也對火星寄予無窮的希望。火星是否可以居住，當然關係整體人類的未來；但火星目前畢竟遙遠，人們在無處可移的情形之下，何不珍愛自己生於斯、長於斯的地球，何不共同維護環境、摒除戰爭侵略的企圖，而建立地球一村、生命同體的信念呢?本詩寫作的動機，就在於此。

首段以魚群浮出水面呼吸爲喻，極寫人們想看究竟的好奇。二段以火星上有豐盈的水、火星的氣候可以克服爲主題，敘寫人類有恃無恐、不知珍惜眼前這分幸福的情形。三段則以火星爲主體，藉火星的口吻，敘其接近地球，只是爲了告訴人類，應該好好珍惜自己居住的地球，收結全詩。詩從假想回到現實，一路寫來，有意有趣。

（中國語文五五六期、二〇〇三年十月）

五、地震

想讓遺忘自己的人
重溫嬰兒的夢
地球把長繩S波、P波繫在兩極
架起一床搖籃
溫柔的搖

有時上下，有時左右
人在浮於大洋的陸塊上
動盪
彷彿身處遇浪襲擊的船中
不明所以
紛紛奪門而出

唯恐失去
人以眼前的有，取代與生俱來的有

純真的笑沒了
凝視著人
憐惜的手停了下來
地球將繩鬆開
不解的走了

語解

想讓已經遺忘自己幼年的人／重溫嬰兒時期母親呵護入夢甜美的記憶／地球將有如長繩上下震動的S波，與左右搖擺的P波，繫在南北兩極／架起一床人類的搖籃／溫柔的搖著

先是上下、然後左右的搖／人在有如浮於大洋的陸地上／動著、盪著／彷彿處於遇到大浪襲擊的船裡／不清楚到底發生了什麼事情／一個一個沒命似的奪門逃了出去

唯恐失去一切，人們害怕地震／人以眼前所擁有的生命財產，取代與生俱來自然樸質的天性／因此有如搖籃的地震，人們不但無法露出純真的笑容，反而感到無比的恐懼／凝視著驚嚇的人們／地球停住本來憐惜人類、輕輕推著搖籃而形成地震的手／將好像長繩一般的震波，鬆開似的靜止下來／不解人們爲何幼年喜歡、長大反而恐懼，滿臉疑惑的走了

分析

在同一時間、同一地點，發生兩起五點五以上，規模相近、深度相差不多的地震，叫做雙主震。二〇〇五年三月六日，距離蘇澳地震站北方六點二與六點九公里、深度八點五與七公里處，前後相隔一分鐘左右，發生兩起規模高達五點九的地震，這是臺灣自一八九七年開始紀錄地震以來，首次出現的雙主震，因此我寫了「地震」這首詩。

嬰兒時期，我們靜靜的躺在搖籃裡，享受母親溫柔的手，輕輕的搖。有時母親為了逗逗我們，搖的幅度稍微大些，我們不但不怕，反而樂不可支的笑了。為何長大之後，地的震度不及搖籃，我們卻感到如此的驚恐呢?原來我們與生俱來的純真，已被世俗的擁有所取代了；我們害怕失去生命、失去財產、失去眼前既有的一切，所以只要一遇地震，我們就會奪門而出！

本詩即以此一意念為主，將大地喻為搖籃，S波、P波喻為長繩，孕育人類的地球喻為母親，地震喻為母親溫柔的搖；而以對比的手法，把幼年與成年、眼前的有和與生俱來的有、母親的愛與子女的驚恐，有趣、且生動的呈現在詩句之間。

（中國語文五七五期、二〇〇五年五月）

六、海嘯

撕裂板塊
拉開斷層
淺海乾了，巨浪襲來
兩個瞬間
畫出一道永恆的傷
留下千年戰慄

時速七百二十公里
如山如崖翻騰入雲的浪
從印尼亞齊省外海九級地震的破殼
衝撞而出
橫越整個印度洋
直達東非
驚醒冬蟄的死神
蘇門答臘連忙位移

馬爾地夫遺在水中
模里西斯也無法置身事外

死神舉起鐮刀
血，沿著陸地濺灑
一堵一堵倒塌的白的水的牆
逼臨街道
文明四處散落
地球自轉也亂了手腳
啜泣哀嚎聲聲迴盪
和鳴協奏七千公里
二〇〇四年十二月二十六日
一座特製的人間煉獄
正式成形

冬至過後
黑暗不想提早退場

白晝仍短
聖誕節的歡笑已被洗劫一空
海嘯將海水全化做淚水
淚水卻無法還原成海水
人在漫漫的長夜裡
屏息
無聲

語解

像把板塊撕裂似的劇烈震動／像把斷層拉開似的左右搖晃／淺海的水被吸入海底之後，巨大的浪又從海底向人襲來／一吞一吐兩個瞬間／畫出一道人類難以忘懷、永遠恢復不了的傷痕／留下一個使人無法磨滅、隨時都會不寒而慄的恐懼。

能與噴射機比快、時速高達七百二十公里／如峻嶺、如斷崖，翻滾騰起如上雲霄的浪／從印尼亞齊省的外海，因九級強烈地震而被震破的地殼縫隙／撞開裂洞，衝出水面／從東到西，橫越整個印度洋／直到非洲東部／把正在冬眠的死神驚醒了／蘇門答臘因爲地震，突然位移三十六公尺／馬爾地夫因爲海嘯，大半淹在水裡／連遠在大洋彼岸的模里西斯，也無法置身事外的遭到波及死神舉起鐮刀收割似的，死傷觸目可見／血，沿著環印度洋周邊的陸地，濺著灑著似的慘不忍睹／一堵一堵有如倒塌下來巨大的白色的水牆／逼臨街道，淹沒城市／象徵文明的建築物，已被摧毀，磚瓦散落一地／地球自轉好像亂了手腳似的，也受海嘯的影響而慢了百萬分之三秒／低頭啜泣、仰天哀嚎的聲音，不停的迴盪著／在印度洋上相互和鳴、彼此協奏，長達七千公里／二〇〇四年十二月二十六日／一座死傷數以十萬計，有如上天特製的人間煉獄／正式在印度洋上出現

十二月二十二日冬至過後／黑暗好像不想太早離去／白天仍然很短／十二月二十五日聖誕節歡樂的笑聲，已被隔天的地震、洗劫一空似的消逝無蹤／海嘯將鹹鹹的、溼溼的海水，全部化做人的淚水／人的淚水卻無法再還原成海水／人在晚上仍長、白天仍短漫漫的長夜裡／唯恐又再地震而屏息注意／唯恐又有海嘯而無聲警戒

分析

二〇〇四年冬至過後、聖誕節的隔天十二月二十六日，上午七點五十九分，印尼蘇門答臘亞齊省西部外海一百四十九公里處的印度洋中，因板塊相互擠壓而迅速陷落，而發生自一九〇〇年以來排名第五、卻是四十年來最大、規模九級的強烈地震。地震過後，巨浪高達十公尺的海嘯，隨即產生；從東到西、從南亞的印尼到東非的模里西斯，印度洋周邊的國家，無一倖免，死亡人數已逾二十萬人，全球同聲哀悼，因此筆者寫了這首

詩，來記載這場浩劫。

首段「撕裂板塊」，指印度洋中的板塊，因地球自轉而相互擠壓，而發生地震；「拉開斷層」，指地殼之間的斷層，因相互擠壓而擴大裂痕；「淺海乾了，巨浪襲來」，指海嘯先把淺海的水一口吸盡，然後化做巨浪襲向海岸；「兩個瞬間」，指吸盡淺海的水與襲向海岸的浪，都在一瞬之間發生；「畫出一道永恆的傷」，指在人類史上，留下永遠無法磨滅的慘痛記憶；「留下千年戰慄」，指人們只要想到這場浩劫，就會打從心裡害怕起來。

二段「時速七百二十公里」，指海嘯產生的巨浪，速度可以比擬噴射機；「如山如崖翻騰入雲的浪」，指大海浪高達十公尺以上，遠遠望去，上與天齊；「從印尼亞齊省外海九級地震的破殼」，指斷層被擠壓而有裂縫，而發生強烈的地震；「衝撞而出」，指撞開裂洞，衝出水面；「驚醒冬蟄的死神」，指死傷慘重，像把死神喚醒一般；「蘇門答臘連忙位移」，指蘇門答臘因地震而位移三十六公尺；「馬爾地夫遺在水中」，指全國平均僅高於海平面一公尺的馬爾地夫，大半淹在水裡；「模里西斯也無法置身事外」，指遠在七千公里之外的東非，也無法倖免於難。

三段「死神舉起鐮刀」，指死傷慘重，已逾二十萬人；「血，沿著陸地濺灑」，指印度洋周邊的國家，都有嚴重的災情；「一堵一堵倒塌的白的水的牆」，指一波一波白色的巨大的浪，有如倒塌的城牆，襲向陸地；「文明四處散落」，指象徵文明的建築物，無不支離破碎；「地球自轉也亂了手腳」，指地球自轉因受海嘯的影響，而慢了百萬分之三秒；「和鳴協奏七千公里」，指印度洋上，到處傳來啜泣、哀嚎的聲音；「一座特製的人間煉獄」，指遍地死傷、觸目驚心的景象。

四段「黑暗不想提早退場」，指十二月二十二日的冬至剛過，白天仍然很短；「聖誕節的歡笑已被洗劫一空」，指前一天聖誕節歡樂的笑聲，已被隔天海嘯淒慘的景象所取代；「海嘯將海水全化做淚水」，指海嘯以瞬間撼起的巨浪，奪人性命，生者無不悲傷掉淚，好像海嘯已將海水化做淚水一般；「淚水卻無法還原成海水」，指死傷的親人，無法復活或復原；「屏息」，指人因害怕而忍住呼吸；「無聲」，指人因恐懼而傾聽動靜，不敢隨便出聲。

新詩，就是文學的素描；以文字代替畫筆，描寫我們的生活、我們的思想、我們的時代，長的可以成爲史詩，短的至少也能夠鉤勒當時的風貌。爲了自己、也爲了時代，何不嘗試拿起筆來！

（中國語文五七二期、二〇〇五年二月）

七、手護臺灣

注滿歷史襲炸的坑洞
流過邊隅
進入文明大海

沸揚的血
在手與手鑄成的長河裡奔騰
洶湧澎湃五百公里
一條新的活的護國城河
從此綿亙
冷笑秦始皇

NO 與 YES
像摩西走出埃及
像美國高唱星條旗頌
不懼風雨
玉山的白是虔誠的心
武夷、秦嶺早已剷平
二二八
手牽手
臺灣藩籬和平圍起

語解

像水流一樣，經過歷史上備受諸國侵略、有如坑坑洞洞的坎坷命運／走過曾經只是附屬歐亞陸塊邊陲的從前／如今，則朝向東方的太平洋，進入現代的文明世界

全國沸騰似的熱血／在手牽著手，以你我相連的雙手，鍛鑄而成的長河裡奔騰著／一路洶湧澎湃，長達五百公里／一條嶄新的、活生生的護國城河／從此刻起，綿延橫亙在臺灣大地，保護臺灣／冷笑殘暴的秦始皇，何必強迫徵調人民，才能築起那條長城呢

NO與YES，是與非／像摩西率眾走出埃及，尋找新的樂土／像美國高唱星條旗頌，建立自由民主的新國家／不怕風雨，不怕敵人的覬覦／虔誠忠貞的心，有如玉山頂上雪白的白雪／象徵覬覦者的秦嶺、欲以武力侵佔的武夷山，早已從心中剷平似的加以鄙視／二月二十八日／你我手牽著手／保護臺灣國境的藩籬，已經用全民的力量，高高的、和平的圍起來了

分析

首段以「襲炸」敍臺灣備受各國侵略的歷史，以「邊隅」敍臺灣以前只是附屬在歐亞大陸的邊隅，以「文明大海」敍今日的臺灣，早已擺脫歷史，進入一個自主的、民主的國家時代。詩以「注滿」寫撫平傷痛，以「流過」寫已成陳跡，以「進入」寫側身其

中；用字與情境頗能相合。

二段以「鑄」字敍心手相連、生命同體的情形，以「洶湧澎湃」敍熱血沸騰、全民響應的情形，以「綿亙」敍手護臺灣、不分你我的情形；以全民自發自動、自然形成，與強迫人民、才能修築長城的秦始皇，截然不同。尤以「冷笑秦始皇」句戛然而止，更使詩的氣勢，頓時陡升。

三段以「NO」劃平象徵覬覦者的秦嶺，與象徵欲以武力侵佔的武夷山；以「YES」譬喻臺灣有如摩西走出埃及，與美國建立民主自由的新國家；以「二二八／手牽手」，明示「手護臺灣」的主題；詩在對比抑揚之中，有血有肉。

二〇〇四年二月二十八日，前總統李登輝博士，號召全民一起站出來手護臺灣，並展現你我固守臺灣的意志。一時之間熱血沸騰，手牽著手綿延長達五百公里，浩大澎湃的場面，普世感動；爲了記載這件盛事，所以我寫了「手護臺灣」這首詩。

（自由時報、二〇〇四年二月二十八日）

八、新　生

早晨
臺灣從霧中緩緩甦醒
披著自由民主和平友善的光芒

夜晚
臺灣是停在海上的明月
明月裡有細數不完的現代傳說
是很多國家的夢

上帝遺忘在地球上的樂土
經地殼千年萬年的擠壓
擠成一個形如問號的陸島
他曾是荷蘭、西班牙頭冠上的寶石
他也留下清國、日本踩過的足痕
多樣的人種多樣的物種面對同樣的大海
引太平洋洶湧的浪
掘來一峽天險
清除沉在水裡糾葛歷史的藤蔓
把覬覦的貪婪的眼睛
阻在彼端
兀自與天相映

從前遙遠的灰暗的鄉愁
已經海峽的水淘洗淨盡
而新生的喜悅
正在臺灣土地滋長
走出陰影
拒絕削枝去葉、隱天蔽日的召喚
每天迎著東升的太陽
欣欣向榮

語解

早晨／臺灣從迷濛的霧氣中，漸漸露出臉來，像自夢裡緩緩甦醒一樣／披著似的散發如陽光般自由民主和平友善的光芒／夜晚／臺灣聳立在曠闊的太平洋中，像是停在海上的明月／明月似的臺灣，擁有細數不完的電腦科技的現代傳說／是很多國家學習、羨慕的對象

臺灣是上帝遺忘在地球上快樂的世外桃源／歷經歐亞板塊與菲律賓板塊千萬年相互的擠壓／擠成一個從海裡隆起、形狀有如問號的陸島／他曾是荷蘭、西班牙向東貿易時

重要的據點，好像兩國王冠上的寶石一樣的耀眼／他也留下滿清、日本統治時踩過的足跡／來自各國多樣的人種、從熱帶到寒帶多樣的物種，面對環繞四周相同的大海，自成一個新的世界／引進太平洋澎湃洶湧的浪濤／深深掘成臺灣海峽難以橫渡、難以飛越的天然屏障／清除數十、數百年來，有如沉在水裡糾葛不清的藤蔓也似的歷史／把對臺灣非分而無理的、貪婪而無厭的眼睛／阻絕在遙遠的大海的彼端／獨自與天相映，沒有任何牽扯

來自異國、移居臺灣的人民，若在遙遠的從前，曾經有過灰暗的鄉愁／這些鄉愁如今已經海峽的水，全數的沖刷清洗乾淨了／不分彼我、融成新的臺灣民族的喜悅／正在臺灣土地到處生長茁壯／走出歷史的陰影／拒絕好像被人削枝去葉、無法自立自主，永遠不見天日、無法自由民主的蠻橫的召喚／每天迎著東升的太陽，迎著進步的文明／伸展枝條，欣欣向榮

分析

首段以轉化、以譬喻、以兩件事實鉤勒臺灣的面貌；白天，臺灣從霧中甦醒，披著自由民主和平友善的光芒；晚上，臺灣則是明月，明月裡藏有令人嚮往的現代傳說。兩節雖然只是鉤勒，但臺灣的面貌，已經鮮明得呈現在你我的眼前了。

二段寫臺灣是上帝遺忘在地球之上的樂土，本該到處充滿歡樂。但臺灣的地，歷經

地殼千萬年的擠壓；臺灣的形，有如一個不明所以的問號；臺灣的人，曾遭歐洲的荷蘭、西班牙，與亞洲的日本、滿清統治。詩以本來應該如此、但事實並非如此的筆法，道盡臺灣滄桑的命運。直到末了「多樣的人種多樣的物種面對同樣的大海」，清除歷史的藤蔓、阻絕覬覦貪婪的眼睛，「兀自與天相映」一節，才將詩端「上帝遺忘在地球上的樂土」，句中的「樂土」二字，做了最好的說明：臺灣本來就是一個新的、自足的世界，不應該有任何的牽扯。

末段以鄉愁淨盡，敍臺灣已經走出從前；以新生的喜悅，敍臺灣已經走入文明；以拒絕削枝去葉、隱天蔽日，敍臺灣已經不受擺布；以迎向太陽、欣欣向榮，敍臺灣已經找到出口。詩在大量的譬喻與轉化之中，意象鮮明。又，詩末「每天迎著東升的太陽／欣欣向榮」，可與詩端「早晨／臺灣從霧中緩緩甦醒／披著自由民主和平友善的光芒」起結相銜，首尾頗能相互呼應。

（中國語文五五九期、二〇〇四年一月）

九、跨年二〇〇六

迅疾如閃、皎白如電的光
像穿楊的箭萬點齊發
停在雲端綻放
串結的花是頑皮的精靈

恣意迤邐而成湍飛的雨
點點映照星空

暴起競逐的煙
洶洶湧湧
淹沒冬夜被光射穿的幕
隔開天地
地上崩雷也似的歡呼聲一波一波
前推後擠
硬把二〇〇五年的時空擠破
而在星與光之間迴盪

紐約時代廣場的水晶球緩緩升起
倫敦的大鵬鐘響了
臺北的一〇一大樓也亮了
二〇〇六
華麗登場

語解

快速有如一閃而過、皎白有如電的火花的煙火／像穿過楊柳葉精準的箭，同時朝向天空施放／煙火到達雲端之後，隨即往下輻射開來／像一串一串織結的花朵；一串一串織結的花朵，又像一個一個頑皮的小精靈／隨意的左右搖擺，蜿蜒相連而成滿天如湍飛濺的雨／一點一點晶瑩閃爍的光，映照在無邊無際的星空之上

煙火突然而起、競相追逐的煙／洶洶湧湧、澎澎湃湃的瀰漫整個天空／把冬天已被煙火的光，射出無數小洞的夜幕，淹沒似的全面籠罩／上下無法相看，天與地已被灰白的煙隔開了／地面聚集在廣場的人們，像崩墜的雷似的，一齊發出迎接新年倒數的歡呼聲／一波一波、一陣一陣，像前後相互推擠的波浪／硬將二〇〇五年的時空，擠破似的喊出新的一年／歡呼的聲音，穿過隔開天與地的煙幕，而在星與星、星與煙火的光之間，迴旋蕩漾

美國紐約時代廣場上的水晶球，緩緩升起／英國倫敦橋旁的大鵬鐘，響了／臺北一〇一大樓的燈，也亮了起來／二〇〇六年／正式以華麗的場景，登上新的世界舞臺

分析

本詩以煙火的「光」、「煙」與人們觀看煙火、迎接新年的「聲」爲主體，抒寫夜

幕被「光」射穿、「煙」將夜幕塡補、「聲」又把夜幕擠破，上與星、光迴盪，而跨入新的一年、歡愉的情與景。

煙火的「光」，又快又白，所以用「閃電」來形容；煙火的「光」不但很多，而且同時向上發射，所以用「萬點齊發」來形容。煙火到了一定的高度之後，則以輻射的形向下墜落，好像頓時綻放的花朵，因此先以「串結的花」譬喻；「串結的花」恣意迤邐，所以再用「頑皮的精靈」譬喻；像「頑皮的精靈」的光，布滿整個天空，所以三用「湍飛的雨」譬喻。首段以「串結的花」、「頑皮的精靈」、「湍飛的雨」黏連譬喻，詩的意與象生動有趣。

煙火的「煙」，突然而起；突然而起的煙，一處緊接一處，所以用「暴起競逐」來形容。冬天的夜幕本來是漆黑的，但因煙火的光「萬點齊發」，所以夜幕已被射出可以窺看天空的小洞；因爲煙實在太多、太濃了，所以破裂的夜幕，不但已經被煙塡補，而且全部都被煙給淹沒了；煙把夜幕淹沒之後，天上與地面無法相通，所以說「隔開天地」。

人們的「聲」，大如雷鳴，而且一陣一陣，所以用「崩雷」、用「一波一波」來形容。歡呼的聲音一陣一陣，有如浪潮一波一波襲來，所以說「前推後擠」。因爲「一波一波」不斷的推擠，因此將二〇〇五年的時空，擠破似的喊出新的一年。歡呼的聲音，擠破二〇〇五年的夜幕之後，一路直上雲霄，而在星與光之間洋溢著、蕩漾著。

倒數進入二〇〇六年的午夜，我與妻子張梅娜女士，偕同鄰居友人比利時的 Mr. Kris

Luyckx，在別墅的觀景臺上，手持冰酒一齊遠眺臺北一〇一大樓，爲了迎接二〇〇六年所施放的煙火；因爲深受感動，所以我寫了這首詩。

（中國語文五八四期、二〇〇六年二月）

一〇、地　球

偶然存在莫名的太陽星系中
沒有目的
沒有理由
就是偶然

偶然的山，偶然的樹，偶然的人
每天隨著地球
又是自轉，又是公轉
轉得暈頭轉向
轉得忘記自己
只是一個偶然的偶然

本來海天相連的圓

開始圍起藩籬
切成無數的方格
人們把它叫做「國土」
於是溫室效應
從臭氧層的破洞
鑽進割裂的圓裡

本來藍綠遮覆的球
開始鑿挖土石
建造欲望的都城
人們把它叫做「文明」
於是輻射
躲入工業的颶風
吹在進化的球上
二十一世紀即將來臨
聰明的人
再啟動科技的怪手

將偶然與必然對調
然後
安心活在人定勝天的傳說裡
完全不理
偶然的地球
正朝著必然的死亡
一路滾去

語　解

偶然存在於大得無法形容的太陽星系中／沒有任何目的／沒有任何理由／就只是偶然的存在而已

地球偶然存在於太陽星系中，山、樹、人則偶然存在於地球之上／人活在地球之上，每天隨著地球／又是自轉，又是公轉，隨時不停的轉／轉得頭都暈了，不知方向為何／轉得忘記自己，不知自己原來／只是偶然存在於地球、地球只是偶然存在於太陽星系之中

本來藍天碧海相互連接的圓形的地球／人們開始圍起藩籬，各自將藩籬之內的土地據為己有／將地球切成無數大大小小各自擁有的方格／人們把它叫做「國土」，在「國

土」上建立起自己的國家／於是只顧自己、不管別人的人類，因破壞地球而產生的溫室效應／透過大氣臭氣層的破洞／鑽進四分五裂的圓的地球裡似的，影響整個地球的氣候與生態

本來由藍的天、綠的地遮覆的地球／人們開始挖掘土石／建造可以滿足欲望的建築、的城鎮／人們把它叫做「文明」／於是只顧發展，不計後果的人類，因破壞大地而產生的輻射效應／躲進風潮有如颶風的工業時代／吹在乍看好似進化、其實卻是傷害的地球之上

二十一世紀即將來臨／自以爲聰明的人類／再次啓動科技怪手似的，繼續建設文明／將偶然存在的地球與地球必然死亡的命運，對調而成地球必然存在，至於死亡，只是偶然／然後／自欺的安心的活在人類一定可以戰勝上天的傳說裡／完全不理會／偶然存在太陽星系的地球／正朝著只能存在一定的期限、星球最後必然死亡的結局／一路滾去

分析

先有人爲的破壞，臭氧層才產生破洞，而在地球形成溫室效應；先有工業的發展，才有進化的地球，而形成危害人體的輻射。但本詩卻以錯落的方式，將此次序顛倒而成「於是溫室效應，從臭氧層的破洞，鑽進割裂的圓裡」、「於是輻射，躲入工業的颶風，吹在進化的球上」，文字活潑生動。

偶然，是地球存在於太陽星系之中，是人類活在地球之上。必然，是地球有一定的年限，人爲破壞一定會加速它毀滅的速度；是人有一定的壽命，如果環境遭到破壞，人類自己也無法置身事外。但「聰明的人／再啓動科技的怪手／將偶然與必然對調」，詩以對比的方式，活化嚴肅的主題。至於「安心活在人定勝天的傳說裡」，則以反諷的手法，極寫人的不智。詩意不但深刻，而且精警。

「偶然」是地球與人的由來，「必然」則是地球與人的命運；詩在「偶然」與「必然」之間，主題明確。

（笠詩刊二一二期、一九九九年八月）

第四章　詩寫思想

一、文明

沒有取來火種的普羅米修斯的你
沒有詩寫理想的雪萊的你
沒有燃出蒸氣的瓦特的你

我
彷彿飛蓬
在無止無盡的時空之中
隨意飄泊
隨時凋零

今天的世界

一如長眠不醒的種子
仍然處於遙遠的遠古
遙遠的遠古農耕漁牧之前的亙古
亙古的野蠻
像不見文明天日漫漫長長的黑夜裡
永恆的原始
永遠停滯

語解

沒有像從天神宙斯盜取火種、引入文明的普羅米修斯的你們這些先人／沒有像以詩描寫理想、憧憬未來的雪萊的你們這些先人／沒有像燃出蒸氣、啓動工業革命的瓦特的你們這些先人／我們整個人類／彷彿不知何去何從的飄飛的蓬草／在無止無盡、沒有邊際的時空之中／隨著風任意飄蕩停泊／隨著生命隨時凋零死亡

今天人類的世界／則如進入長眠、不曾發芽的種子／仍然處於遙遠的遠古時代，未開化的時期／遙遠的遠古時代，人類尚未進入農耕漁牧之前的亙古時期／亙古時期的野蠻時代／像無法看到文明的陽光，而處於未開化的漫長的黑夜裡／永遠停在原始的階段／永遠過著野蠻的生活

分析

以取來火種的普羅米修斯，代表點燃上古文明的先人；以詩寫理想的雪萊，代表創作文學藝術的先人；以發明蒸氣機的瓦特，代表帶動工業革命的先人。詩以具體的人物，涵蓋人類進化的過程，意象頗爲鮮明。

起筆三句，在「取來火種」、「詩寫理想」、「燃出蒸氣」，人物「普羅米修斯」、「雪萊」、「瓦特」與先人「你」之間，加入介詞「的」轉折、並引出更深的意思，頗能表達文明進化的不易，與先人偉大的貢獻。

二段則以「長眠不醒」、仍未萌芽的種子爲喻，以上下相銜而又逐層遞進的句子，直探不曾進化的世界，而慶幸因有先人的努力，我們才能享有今天的文明。正面的主意，卻採用與首段相同的逆筆來鋪寫，全詩暢盛的氣勢，頓時如潮如湧的襲了過來。

（中國語文五五七期、二〇〇三年十一月）

二、生命

伴雲一起追逐閃電
希望與光同快
將時間停住

光化做一顆顆微小的
粒子
消逝天際

模仿大海
把自己當做偏震板
築起一道道深深的水牆
不讓時間穿透
光波掠過水面
走了

拖著時鐘行走的
人
企圖從時間的手裡
要回一點青春
青春卻與時間相約
不再回來

語　解

想與浮雲結伴，一起追逐閃電的光／希望能和光的速度一樣的快／而將時間停住，永保青春／但由一顆顆微小粒子組合而成的／光／卻迅速的在天際消逝了

想模仿大海／把自己當做可以阻擋光線的偏震板／像大海的水築起一道道深深的、厚厚的牆／不讓代表時間的光穿透／光波卻從水面輕輕掠過／又迅速的溜走了

相對論認爲在行進間，時鐘轉動的速度較慢；於是人拖著時鐘／走在路上／想從時間的手裡／要回一點青春似的，不讓時間迅速的流失了／但人的生命卻隨著正常的時間、人的青春好像與時間早已約好似的／一點一滴的走了，不再回來

分　析

如果把光當做粒子，光是由無數微小的粒子組合而成。

如果把光當做波，光像水波一樣的有其長短。

如果速度與光同快，人就可以把時間停住，長保青春。

如果從相對論來說，行進中的時鐘，行走的速度比一般的時鐘慢。

本詩係以「生命」爲題，將物理學上的四種現象，分別植入字裡行間，鋪寫而成這首有理有情、有科學有意象的詩。

（中國語文五六四期、二〇〇四年六月）

三、存在

與身體見面
每天都是首次
從別人眼裡
自己像個易容的
高手
卻無法分辨那一張
才是自己

今天的我
不想認識明天的我
明天的我
抱怨昨天的我
不曾給自己
固定的臉孔

我在昨天、今天、明天裡
溫習所以

語　解

看自己的身體／每天都好像是首次見面一樣的陌生／從別人的眼裡、別人的角度看來／自己好像是個易容的高手，每天都有新的樣子／卻無法分辨那一張、那一種類型／才是自己的理想

現在的我／不想認識未來的我似的，沒有明確的方向／未來的我，因爲現在不曾確定方向／而悔恨從前的我，爲何如此的懈怠／不曾爲自己／訂定一個方向，追求一個目標

我始終在昨天已過、現在蹉跎、明天悔恨的循環裡／溫習功課似的，一再重複相同的結論：「所以」我將及時奮起

分　析

因爲沒有確立方向，所以對自己而言，每天都好像面對一個陌生人似的，不知何去何從?因爲無法固定自己的型，所以對別人而言，自己好像一個易容的高手，每天隨波逐流，不知如何自處?因爲不能及時奮起，所以未來必將悔恨已成過去的現在的我。人

在過去、現在與未來之間，一再重複，一再蹉跎，人生還有意義可言嗎？

本詩以「不想認識明天的我」，敍沒有理想、不願黽勉努力；「不曾給自己，固定的臉孔」，敍沒有方向，整天渾渾噩噩；詩在轉折之中，自有深意。尤以末了「溫習，所以」兩句，「溫習」，有一再重複之意；「所以」，可與詩的首句相接。人「溫習，所以」之後，仍然回到首段「與身體見面，每天都是首次」可憐的循環裡。就結構而言，詩末可與詩端渾然相連而成一個圓形；就內容而言，人始終蹉跎、不能痛下決心的情形，已經一筆寫盡！

（中國語文五七三期、二〇〇五年三月）

四、完美

從碎片似的過程中
拼湊一個沒有缺角
可以用規來畫的
圖

結果卻是破損

破損的人證明自己

雖然只能存在於圓之外
仍如面對陽光的氣泡
展現七彩
在短暫的剎那之中
學習永恆

語解

想從一點一滴、有如碎片的過程之中／好像拼湊似的、一步一步完成一個沒有任何缺憾、沒有任何缺角／可以用規來畫、圓滿如圓的／理想

由一點一滴拼湊、一步一步完成的圓，不但無法渾然天成，而且處處破損

處處破損、並不圓滿的人，證明自己／雖然並不完美，只能處於圓滿之外／但仍然像面對陽光、飄在空中的氣泡／展現繽紛絢麗的色彩／在短暫得有如剎那的過程之中／學習永恆的事物，而力求完美

分析

過程雖然有如「碎片」，但卻希望結果是能「用規來畫的圓」；結果雖然還是「破損」，但卻有如「面對陽光的氣泡，展現七彩」。詩以抑揚相對的筆法，極寫人想追求

完美的情形，詩裡到處都是陽光。

儘管「碎片」無法拼成渾然的「圓」，「破損」的人「只能存在於圓之外」，但人卻仍在「短暫的剎那之中，學習永恆」。「永恆」，就是「完美」；「學習永恆」，就是走向「完美」；只要隨時走向「完美」，人生還會覺得不「完美」嗎?

（中國語文五六五期、二〇〇四年七月）

五、原創

有如黑洞
並不貪婪
反以逆向的方式
存在於新文明、新物種的
原點
醞釀變化

只出不進
沒有規則
不是河流

卻流出非承襲的創造的
活水
暫時的靜止並未休止
一旦有人觸及
保證源源不絕

語解

有如黑洞一般，藏有無數與無限的可能／卻不像貪婪的黑洞，將所有的東西全部吸納進去／反而以逆向的方式噴吐出來／而成爲創造新的文明、產生新的物種的／原點／每天醞釀著嶄新的變化

只管輸出而不沒入／沒有一定的規則可以依循／儘管不是河流／卻隨時流出創造的，而非承襲的／活水也似的新意念／暫時不動不是停滯不前／因爲一旦有人觸及此一原點／新的意念保證源源不絕的傾瀉出來

分析

只有原生的物種，才能產生新的物種。
只有原創的基點，才能孕育新的意念。

再新的物種，都是由原生的物種進化而來；新的物種如果有天想再進化，就得回到原生的物種上重新配種。再新的文明，都是由基礎的科學進步而來；新的文明如果想做更大的突破，則非回到基礎的科學上重新研究不可。本詩即以生物學的觀點，詮釋「原創」二字的真諦；詩在黑洞與河流的譬喻之下，自然生動。

（中國語文五六四期、二〇〇四年六月）

六、思想

偶然停在筆尖
陷入小小的柵欄
被幾根線條的字綁住
不再自由

渴了
只能喝筆尖的水

有時想起
翱翔於過去與未來之間的從前

對世間經常反覆的人情
不禁長嘆

語解

本來高妙不羈的意念，偶然進入人的思考，停在人的筆尖上／人把它寫入有如柵欄的小小的方格之內／意念被每個均由數根線條組成的字，綁住似的寫成思想／不再只是天馬行空的意念了

被寫成思想的意念，有如口渴、意念有所不足時／只能藉著筆尖的墨水補足意思意念有時想起／從前自由自在的飛翔於過去與未來之間，可以無拘無束的隨意代表任何的意思／如今已被人的思想限定、只能表達人反覆無常的情感時／不禁發出長長的嘆息

分析

高妙不羈的意念，被人捕捉寫成思想之後，意思已被限定，「不再自由」；已被限定意思的意念，如果意思有所不足，只能經由墨水寫成的文字來補足，不能隨便表意；不能隨便表意的意念，只能用來表達經常反覆的人情，所以「不禁長嘆」。明寫意念形成的「思想」，實含諷諭「經常反覆的人情」；抽象的意，有深沉的情。

又，本詩以具體的「停在筆尖」、「陷入小小的柵欄」、「被幾根線條的字綁住」，描寫由意念形成思想的歷程，生動有趣。

（中國語文五六五期、二〇〇四年七月）

七、讀　書(一)

因為好奇
打開別人的腦
偷窺祕密
不意自己端出心來
真誠感動

陌生的人
未曾謀面
腦中想說什麼
以字代言彼此交談
兩人已經認識

語解

因爲對別人的想法感到好奇／所以打開別人的腦似的，翻開書本／好像正在偷窺別人祕密一般的仔細閱讀／沒想到卻把自己的心，端了出來似的產生共鳴／由衷的被作者、被字句所描寫的內容，深深的感動了

陌生的作者／不曾與自己見過面／作者腦中想表達些什麼／用文字代替言語，彼此正在交談似的說了出來／作者與讀者兩人，已經透過書上的文字而彼此認識了

分析

首段「打開別人的腦」，指翻開別人所寫的書籍；「不意自己端出心來」，指因產生共鳴而心有戚戚。二段「腦中想說什麼」，指作者打算寫在文字上的內容；「兩人已經認識」，指讀者從字裡行間，上溯作者所想表達的意思。

本詩以「讀書」爲題，以「打開別人的腦」與「腦中想說什麼」的「腦」字，做爲全文的主體，將作者以「腦」構思，與讀者從「腦」窺知祕密的情形，一前一後分置在一、二兩段之中，既相離又相應，趣味盎然！

好友比利時人 Mr. Kris Luyckx，送我一座本來置於魯汶大學，後來移至魯汶市中心的縮型雕塑。這座雕塑左手拿著書本、右手將智慧灌入腦內，寓含智慧來自讀書之意，

因此我寫了「讀書」這首詩做爲紀念！
（中國語文五八七期、二〇〇六年五月）

八、讀　書(二)

像蠶嚙桑葉，一句一句的讀
像蜂採花蜜，一頁一頁的唸
拿起書來

將原始至文明的進程迅速重演
從懵懂移往憧憬的腳步輕輕邁出
今天，該學該習該做的做好
明天，還有更多的驚奇
等待探取
在揮汗的夏裡造境，在縮頸的冬際訪古，在月已西斜的夜闌
把題解開
自然有趣

一步一腳印，一日一茁長

不必想得太多，也無須望得太遠
只要有心
讀書就是優雅

語解

好像蠶一口一口吃著桑葉，一句一句的讀著／好像蜂一朵一朵採著花蜜，一頁一頁的唸著／把書本拿起來

將人類原本一無所知的原始，至如今電腦科技無遠弗屆的文明歷程，迅速重演一般的吸收成爲我們的知識／從懵懂無知的小孩，把腳步朝有憧憬、有理想的未來，踏了出去／今天，該學習、該練習、該復習的，把它確實的做好／明天，還有更多令人驚奇的知識／等待我去探索、去求取／在炎熱揮汗的夏天裡，塑造怡人的情境；在寒冷縮起脖子的冬季中，訪問似的體會古人的意境；在月已西斜、夜已深沉的晚上／把難解的題目解開／自有樂趣

一步一個腳印，一天一個進程／不必懷有太多的幻想，也不必抱著太高的理想／只要把心放在書本之上／讀書本來就可以使人感到無限的優雅

分析

「像蠶囓桑葉，一句一句的讀／像蜂採花蜜，一頁一頁的唸」，以蠶、蜂爲喻，實敍讀書具體的情形；「今天，該學該習該做的做好／明天，還有更多的驚奇／等待採取」，以時空今天、明天，概敍讀書每天的情形；至於「在揮汗的夏裡造境，在縮頸的冬際訪古，在月已西斜的夜闌／把題解開」，則以三種不同的境界，鋪寫讀書的情形。從一句一句而今天、明天，而進入不同的境界，題文「讀書」二字，已經鮮明。

「將原始至文明的進程迅速重演／從懵懂移往憧憬的腳步輕輕邁出」，就內容而言，是人必然的學習；就個人而言，從年幼無知到得以認知憧憬，則是人必然經過的歷程；首句是接受，次句則是創造；讀書所學何事？如此而已！

讀書，並不枯燥；只要有心的讀，讀書本來就是一件優雅的事情。「優雅」二字，可以品味，可以體會，也可以無限的遐想！　（中國語文六二八期、一九九九年十月）

九、習慣

緊閉分明黑白的雙眼
讓我思故我在的頭腦冬眠
生活

腳踩公式循著軌道慣性的自轉
不會有錯

時間一鑿一鑿把它仔細雕琢成形
時間不再具有意義
像雁子人字飛翔、像螞蟻成列行走、像鮭魚必然回到生命的原點
自自然然
除非走出方便
否則直到老死

語解

緊緊閉住黑白分明、可以分辨黑白是非的雙眼／讓我能思考、我的思想存在的頭腦，冬眠似的休息去了／生活／依循著一定的軌道周而復始，腳踩著固定的模式這樣那樣，每天像地球自轉似的、以相同的方法過活／不會有什麼差錯

時間有如鑿子，一鑿一鑿的把它仔細雕琢成形，一點一滴的把它養成習慣之後／生活已經定型，時間不能改變什麼，時間已經不再具有任何的意義了／好像雁子以「人」的字形飛翔、螞蟻成行成列的行走、鮭魚必然回到孵化時生命的原點一樣／毫不勉強，

自自然然／除非走出不必分辨、不用動腦、習慣形成的方便／否則直到老死，一生都將
以此習慣過活

分析

首段以「頭腦冬眠」、「腳踩公式」的轉化修辭爲主，加入描寫眼睛黑白分明、兼指眼睛能夠分辨黑白是非的雙關修辭，與形容生活「自轉」的譬喻修辭，而寫成本詩的第一段。

次段以時間像「鑿子」，習慣像雁飛翔、像蟻行走、像鮭回到原點的譬喻修辭爲主，加上描寫習性形成的情形「把它仔細雕琢成形」，與不能習慣過著相同生活「走出方便」的轉化修辭，而寫成本詩的第二段。

在譬喻與轉化交互描寫之下，本來抽象的意念，也在本詩的字句之間原形畢露。

（中國語文五五九期、二〇〇四年一月）

一〇、經驗

海嘯退了
只是一時
必將再來

何時
是唯一的未知

根據法則
如此如此就能避免
曾經
卻常披著意外的大衣
挾著風雨
重返人間
成為人們口中
另一個曾經

語解

撼起滔天巨浪的海嘯退了／只是暫時退了／類似的情形，以後一定還會發生／什麼時候發生／是人們唯一無法預知的

人們根據經驗法則／認爲如此如此這般，就能避免像海嘯一樣、曾經發生過的大災難／但曾經有過的事情／卻常以出乎意料之外的樣子／挾著狂風暴雨似的另類災難／再

次發生／發生過後，這件事情又將成爲人們口中所說的／另一個新的、曾經發生過的事
情

分析

經歷過的事情，「必將再來」；但何時會來，卻無從得知，這是人們對於經驗的第一個難題。因爲經歷的事情必將再來，所以如此這般的「根據法則」，就能避免災難，但卻忽略了類似的事情再發生時，或多或少都會有所改變，如果只是一成不變的「根據法則」，將無法完全的把災難避免，這是人們對於經驗的第二個難題。

本詩以「曾經／卻常披著意外的大衣」的「曾經」，與「成爲人們口中／另一個曾經」的「曾經」，極寫「必將再來」的事情，必須根據舊有的經驗因應變化，才能整個掌握。本詩第二段的兩個「曾經」，用意深遠！

（中國語文五八四期、二〇〇六年二月）

一一、成見

以日落星起、夜去晨來的尋常
做成模板
存在心裡

遮去清晰可見的視野
一再複製相同的眼睛

把繽紛的色彩過濾
只剩單純
太陽底下沒有新鮮的事情
自給自足的心
不再大方
好奇只是曾經揮霍的奢侈

從此一以貫之
不理會淺灘山澗深谷與斷崖
肯定河水永遠流在平地
安心的在自己的世界裡
戴起王冠

語解

以太陽下山則星星升起、夜晚離去則早晨到來似的習見的事情／做成好像模板一般，認爲所有的事情都是如此的想法／放在心裡，隨時襲用／視野清晰可見的真實的景象，視若無睹／一再複製相同的眼睛似的，以一成不變的想法看待事物，看待一切

像把繽紛亮麗的色彩過濾掉了／只剩下單純的一種顏色，將每次發生的事情都用相同的模式處理／認爲太陽底下沒有新鮮的、出奇的事情／自己認定、自我滿足的心／不再大方的想接觸、想探索、想冒險／好奇，只像曾經奢侈揮霍金錢似的，曾經把自己的時間、精力給浪費掉了

從此以後，均以一貫的、不變的態度應對／不理會地球表面除了平地之外，還有淺灘、山澗、深谷、斷崖／認爲河水永遠流在平坦的地上，事情永遠都是一個樣子／安心的、自欺的活在自己的世界裡／戴起王冠似的自以爲是

分析

首段「做成模板」，指以一成不變的態度看待事情；「遮去清晰可見的視野」，指不想面對現實；「一再複製相同的眼睛」，指預存成見，且以成見衡量事事物物。

二段「把繽紛的色彩過濾／只剩單純」，指不論遇到什麼事情，都以不變的成見來

應變；「自給自足的心」，指自以爲是的觀念；「不再大方」，指不再多費心思來思考、來應對；「好奇只是曾經揮霍的奢侈」，指改變從前勇於嘗試的心，而以既有的見解支應。

三段「從此一以貫之」，指以既有的成見立身處世；「肯定河水永遠流在平地」，指將觀念停在成見之上，不再面對現實；「安心的在自己的世界裡／戴起王冠」，指以自以爲是的態度，將觸角縮回，而否定別人，肯定自己。

本詩以「成見」——既有的見解爲題，以首段「一再複製相同的眼睛」、二段「太陽底下沒有新鮮的事情」、三段「肯定河水永遠流在平地」三個不同的角度，一再深化「成見」相同的主題，因此詩在反覆之中，自有變化的美。

（中國語文五八八期、二〇〇六年六月）

一二、冥想

恍惚中與整個世界
講話
卻只聽到自己的
聲音
回過頭來

世界想給自己建議
耳朵卻已緊閉

想的比做的
多
做不到的比做得到的
多
不能做的比做得到的
更多

現實
總在清醒之後

語解

在恍惚之中，好像和整個世界／講話似的，左思右想，不斷的想／卻只聽到自己的聲音似的，人只想到、只接受自己喜歡想的一切／回過神來／世界好像自己的理性似的，要求應該這樣，要求應該那樣／耳朵卻已緊閉，不再聆聽自己理性的反省

想得到的，總比做得到的／多，因為冥想比較容易／做不到的總比做得到的／多，
因為人的能力有限／不能做的又比做得到的／更多，因為冥想可以天馬行空，行動卻須
顧及現實

現實真實的情形／總是在自己清醒之後，才能清楚的面對

分　析

首段「恍惚中與整個世界／講話」，指人冥想時，好像正在以「想」與己對話；「卻只聽到自己的聲音」，指人只接受自己喜歡的一切；「回過頭來」，指回神過來；「世界想給自己建議」，指自己的理性，想給自己一些提醒；「耳朵卻已緊閉」，指不聽從自己理性的建議。本段以人只接受自己喜歡的一切，而排拒自己理性的建議，對比呈現鮮明的人性。

二段「想的比做的／多」，因為想比較容易，「做不到的比做得到的／多」，因為能力所及才能做到；「不能做的比做得到的／更多」，因為想可以天馬行空，做則必須顧及現實。本段以冥想可以無遠弗屆，實行卻須顧及現實，極寫天馬行空的冥想無濟於事，理性的反省才能幫助自己。

本詩以「冥想」描寫人性、描寫現實，平易的文字背後，值得咀嚼！

（中國語文五八八期、二〇〇六年六月）

一三、素　描

彎曲、拉長、塗抹的線條
依樣編成一張
停住表情的
臉
看著自己

絕對理性
任你喜樂或哀愁
全然不形於色
長年住在紙上
惟等數十年後
笑你
老了

語　解

用時彎時曲的、又長又短的、有濃有淡的線條／依照人的模樣，把各式的線條編在一起似的，畫出一張／靜止不動、表情永遠相同的／臉孔／每天對著自己絕對理性似的，擺出一成不變的表情／不管你自己喜樂或哀愁／這張素描也不會反映出你的情感／那個時候的你畫在紙上，那個樣子永遠不變／幾十年後，當你回過頭來看這張素描時／素描上的你，好像正在笑你／你已經老了

分　析

首段以具體的編，取代素描的畫；以具體的「停住」，將畫上的自己，從現實的時空分離出來，「看著自己」逐漸衰老，詩有趣味。二段開頭雖以重筆「絕對理性」，呼應首段的「停住」二字，末了卻以「笑你／老了」兩行四字輕輕的打住，趣味雋永。

本詩係以兩個「自己」——素描與現實的我、兩種表情——「看」著自己與「笑」你／老了交錯成詩，詩在「停住」與不停的時間、不老與老了的對比之中，有姿有彩。

（中國語文五七〇期、二〇〇四年十二月）

一四、選擇

在想像中決定方向
使自己相信
自以為是的理由
使別人信任
人們曾經有過的事實

模糊人與神的分際
喬扮先知
即使終點尚且遙遠
仍以明天就能到達
告訴自己
告知別人

語解

在想像將來可能如何如何之中，決定目前應該行進的方向／設法使自己相信／自己

認爲將來必然如此的理由／設法使別人信任／即使無法親眼目睹，但人們曾經有過如此的事實，你也一定可以

模糊人與神的分際，使自己看起來好像神一般／而扮成無所不知的先知，爲人決定、爲人選擇該走的路／即使理想遙不可及、甚至畢生難以到達／仍以理想近在咫尺、明天就能走到的謊言／告訴自己，選擇無誤／告知別人，必然如此

分析

前途本來未可預知，只能謙虛的面對、謹慎的從事。但有部分喜歡「喬扮先知」、爲人指點的人，光憑一己的「想像」，而草率的爲己、爲人決定方向。以「自以爲是的理由」說服自己，以「人們曾經有過的事實」說服別人；因爲只是「想像」，並無事實的依據，最後可能把己、把人都誤了。

本詩以「選擇」爲題，敍寫自欺欺人者自以爲是的情形，值得細細體會。

（中國語文五六五期、二〇〇四年七月）

一五、期望

怕不能完全呈現
遺傳的基因

怕愈長愈大的影子
有所偏離
人
開始複製和自己一樣的人
複製想像的人

以心中的影像為
模型
邊看邊捏邊塑
相似就好
不必個性

語解

擔心自己優秀而想遺傳下來的基因／無法完整的在子女身上呈現出來／擔心子女愈長愈大的樣子／有所偏離自己的期望／於是人／開始複製似的教導子女，使他們能長成像自己一樣的人／像自己想像中理想的人

以心中期望的典型／做爲模型／邊看邊教、邊捏邊改、邊塑邊修／只要能像那樣的

人就好／不必具有獨立的個性

分析

希望子女能像自己，所以「複製和自己一樣的人」；希望子女能像自己理想中的人，所以「複製想像的人」。兩種期望雖然有異，但其「複製」的手法卻頗相同。以「複製」達成「期望」，「複製」二字正是全詩的關鍵字眼。

因爲「複製」，所以「以心中的影像爲／模型」；因爲「相似就好」，所以「邊看邊捏邊塑」；至於「個性」，最好沒有，以免「有所偏離」。抽象的意念「期望」，卻以具象的「捏塑」敍寫，寫實而又深刻的文字，足以發人深省。

（中國語文五六五期、二〇〇四年七月）

一六、恐懼

將平常的單純的意象
向不可知的極限
全面擴張
極限之中的每一端
無從逃避

似乎都針對著自己

用心渲染
想像視為當然的假想
馬上就要出現了
於是
毀滅橫著過來
且是唯一的可能

盡是猜測
不信任自己的眼睛
人在臨界點上
顫抖
懷疑
末日怎麼遲遲沒來

語解

將平常習見的、單純不複雜的意象／向不可預知的極限的領域／全面的擴張、全面的幻想／極限領域裡的每一個可怕的事情／無法逃避／似乎都針對著自己而來

用心的幻想、盡情的渲染／把想像裡可能發生的事情，視爲當然的假想成／馬上就要發生了／於是／可怕的毀滅性的災禍，直向自己橫著過來了／而且是絕對可能發生的

全部都是憑空臆測／而不相信自己的眼睛、事情並未發生的事實／人在繃緊神經的恐懼的臨界點上／顫抖著／懷疑／自己幻想的災禍、自己臆測的末日，怎麼遲遲還沒出現、還沒到來呢

分析

將平常的意象極度擴張，幻想所有不利的事情，似乎都針對著自己而來；將不可能發生的災禍，臆測成必然來臨，而且無從逃避；將眼睛看到的加以懷疑，以猜測代替理智，而等待實際上並不存在的末日；這是人對不可預知的未來的恐懼，也是人想逃避現實、而又逃避不了忐忑不安、患得患失的心理。

本詩從人面對恐懼可能的心理切入，細細剖析，詩在冷靜之中，自然深刻。

（中國語文五六四期、二〇〇四年六月）

一七、陌生

每天見面的臉孔
時常結冰
大家的話
講在嘴上
不與內心相接

人前有人
人後有人
熱絡的城市
到處喧嘩
喧嘩聲裡
個個孤寂

語解

人與人每天用來相見的臉上／時常有如結冰似的冷漠／大家用來彼此交談的話語／

只是虛應、敷衍的講在嘴上／言不由衷，不能與內心的想法相同

人的前面有人／人的後面也有人／人山人海、熱熱鬧鬧的城市裡／到處充滿喧嘩沸揚的人聲／在喧嘩沸揚的人聲裡／卻人人孤單，個個寂寞，無法與別人真誠的、坦然的交往

分析

首段以「每天見面的臉孔／時常結冰」，敘寫人的冷漠；以「大家的話／講在嘴上／不與內心相接」，敘寫人的虛應。一外在、一內心，社會的雛形，隱然可見。次段以「熱絡的城市／到處喧嘩」，敘寫人的世界；「喧嘩聲裡／個個孤寂」，敘寫己的處境；一整體、一個人，強烈的對比，引人省思。

本詩以冷靜的手法，剖析社會與個人真實的情形，字字見血。

（中國語文五七三期、二〇〇五年三月）

一八、寂寞

無端的石頭
由一點波及整個湖面
漾起單調的、輕薄的圓

一圈一圈把人網住
逐層寂寞

寂寞的人抱怨寂寞
卻把寂寞囚在網裡
相伴
而寂寞只能對著自己
寂寞

外層的舊圓破了
核心的新圓又產生了
寂寞長相左右
喜新厭舊的人
並不寂寞

語解

無端的思緒，像小石頭沒有來由的投入湖裡／從入水的一點，擴及整個湖面似的；

從思緒的一端，影響整個自己／泛起形狀相同而大小不一、輕浮水面而沒有質感的圓；泛起自覺孤單而百無聊賴、自感疏離而不知何從的煩愁／一圈一圈把人網住、一層一層把人包圍／像逐圈擴大的波紋似的，逐層把人圍住

寂寞的人，雖然抱怨寂寞爲何找上自己／卻不准寂寞離開，反而將寂寞緊緊的困在自己的心網裡／與己相伴／而被困在心網之中的寂寞，只能對著自己／感到寂寞

寂寞的人心裡的寂寞，像波紋擴及外層的舊圓，觸岸破了／馬上又從核心產生出新的波紋似的，生生不息／舊的寂寞走了，新的寂寞又來了，寂寞的人時常感到寂寞／像一個喜歡新寂寞、而厭惡舊寂寞的人／一直都有寂寞相伴；寂寞的人，其實並不寂寞

分析

寂寞無端而來，像石頭無意的投入湖中，而泛起圈圈的波紋；因爲是寂寞，所以是單調的、輕薄的。此一寂寞走了，另一個新的寂寞又來了，人的寂寞生生不息，像個喜新厭舊的人。但如果從人認爲找上自己的寂寞本身來說，則比還有寂寞可以相伴的人，更爲寂寞。

本詩以譬喻、以象徵的手法，將寂寞的人與寂寞本身分離之後，再以轉化比擬的方式，反諷寂寞的人，時常會有無端的理由，讓自己寂寞。寂寞在寂寞的人身上，生生不息；因此寂寞的人，像個喜新厭舊的人。因爲像個喜新厭舊的人，所以「並不寂寞」。

詩的意涵深刻，詩的寓意廣遠！

（中國語文五八七期、二〇〇六年五月）

一九、面 對

如果夠大
有限也是無限
如果夠小
無限也是有限
有限或無限
不在大小
而是瞭解

我瞭解我的瞭解
像在舌頭上
自然把酒分級的品者
我以我的瞭解
瞭解我想瞭解的瞭解
把有限擠進無限之中

像水由點而面
逐漸滲透泥土
我終將瞭解

可能是黑洞
可能是光源
隱藏在光亮裡的神祕——
影子而已

語解

如果是大到無法測知的有限空間／即使有限，就人而言也是無限的／如果是小到可以測知的無限的空間／即使無限，就人而言也是有限的／有限或無限／不在空間的大小／而在於人是否可以測知，是否可以瞭解

我瞭解我所體會、我所獲得的知識／像擁有一個足以辨味的舌頭／自然的能把酒分出等級的品酒者／我以我所瞭解的知識／推論我想知道的未知的知識／以我有限的知識爲基礎，進入無限的未知的領域裡探求／像水由一點及於全面／逐漸滲入、逐漸滲透整塊的泥土一樣／我最後一定可以瞭解

人們可能認爲是黑洞／也可能認爲是光源／而隱藏在亮光之處的一個黑色的神祕——／如果確實的去面對，去瞭解，其實什麼也不是，它只是一個單純的影子而已

分　析

首段以「有限」、「無限」兩個語詞，相互對比出本詩的主題「瞭解」二字。次段直承主題「瞭解」二字，以複式語詞交互錯綜的辭法，把詩分爲我確實瞭解我所具有的知識、我以我的知識爲基礎探求未知的領域兩節，而歸出「我終將瞭解」的結論。三段則舉例說明唯有確實面對，才能洞知事實的真相，回應全詩的主題「瞭解」二字，總結全詩。

本詩以有限、無限得出全詩的主題之後，如果沒有二段「像在舌頭上，自然把酒分級的品者」、「像水由點而面，逐漸溼透泥土」兩個譬喻；而在滿是枝條的樹上，點綴一些翠綠的葉子；而在通篇說理的文字之間，寫進幾許抒情的語句；本詩可能會因偏於議論，而減去不少的詩味。

（中國語文五五五期、二〇〇三年九月）

二〇、真　實

有過以前的以前
不再以前
曾經年輕的年輕
不再年輕
連風也老了
山，是唯一的熟悉

應該如此
分明的停在記憶裡
搭著眼、搭著心的平行線
等距向前
沒有交集
將可能是秋天的第一片落葉
掃去

留住陽光
一刻也好

語　解

以前絢麗的那段絢麗的時期／如今不再像以前一樣的絢麗了／曾經年輕的那段年輕的歲月／如今不再像以前一樣的年輕了／連風也衰老似的微弱的吹著／聳立的大山，是唯一沒有改變，唯一仍然覺得熟悉的

應該還是那個樣子／以前的一切，清楚的留在記憶的腦海裡／面對眼前改變的事實，心卻仍然停在以前的記憶中，心與眼彷彿是兩條平行的線／以一樣的間距，一起向前延伸／線始終沒有交集，人始終無由紓解

如果落葉是秋天來臨的前奏，將可能是秋天的第一片落葉／掃去，秋天就不會來了／把陽光留住／即使只能留住一刻鐘，也是一種真實

分　析

學校的停車場裡，早上總有一位同學，手持掃把，眼望著天，好像正在思考一些什麼。走進教室，我對那位同學說：「從一葉知秋這句成語，可以知道落葉是秋天來臨的前奏。如果不知從何掃起，就把可能是秋天的第一片落葉掃去，秋天就不會來了。」

下課後回到辦公室，我向同事談起計畫退休的事情，同事們開玩笑的說：「退休之後，不要把我們給忘了。」我隨口說道：「退休之後，我會時常回來學校，看看有過以前、以前的事物，尋找曾經年輕、年輕的我。」

晚上，我照例環著大安森林公園散步，我把白天講過的這兩句話隨意想想。結果，公園還沒走完，「真實」這首詩已經完成了。生活本身就是詩的題材，言談有時也能化爲詩的語句，本詩就是一個很好的例子。

本詩以相同的語詞「以前」、「年輕」，隔離而重複的嵌於字句之中，而使這些語詞具有多樣且豐富的意涵。如「曾經年輕的年輕／不再年輕」句，第一個「年輕」是形容詞，表青春；第二個「年輕」是名詞，表歲月；第三個「年輕」則是譬喻，表有如青春的意思。又，末章「將可能是秋天的第一片落葉／掃去／留住陽光」，不讓秋天到來，似乎也有一點雪萊詩句「冬天到了，春天還會遠嗎」的趣味。

（中國語文五五五期、二〇〇三年九月）

二一、悠閒

悠閒的人
把時間握在手裡
一寸一寸的花

像與山谷依偎的小溪
走走停停，停停走走
讓時空投焦在自己的軸上
淺斟低唱

匆忙的人
被時間追著趕著跑著跳著
直線的燃燒生命
像急著奔赴大海的湍流
一里一里飛快的減
轉眼終點已到
水逝無痕

鮭魚返回原點才能重生
人在忙碌之後才懂悠閒
至於無所事事的人
每一天將比地球至太陽的距離

還長

語解

悠閒自在的人／把自己的時間妥善安排似的握在手裡／一寸一寸、一點一點有計畫的花用／像與山一路依偎、像與谷一路纏綿的小溪／依依不捨的，走了又停，停了又走／讓時空有如投焦在自己軸上似的，聽候自己的差遣／優雅的品味人生

急促匆忙的人／被時間追著趕著跑著跳著似的，整天都有忙不完的事情／直線的、快速的燃燒耗用自己的生命／像急著奔赴大海的湍流，一路不停的流著／一里一里快速的減、一年一年快速的過／不自覺的轉眼之間，大海已經到了，人生已經走到了盡頭／生命有如消逝無痕般的水流，未曾留下任何美好的記憶

鮭魚回到原來的出生地產卵，才能孕育新的生命／人在忙完事情之後，才有心情體會什麼叫做悠閒／至於那些遊手好閒、無所事事的人／因爲沒事可做而百無聊賴，可能會覺得每一天的時間，比地球到太陽的距離／還要長

分析

心存悠閒的人，因爲悠閒，因爲從容，所以能把時間預做安排，預做規畫，而有效率的利用時間。整天匆忙的人，因爲匆忙，因爲煩心，所以始終都有做不完的工作，忙

不完的事情；看似漫長，其實短暫的生命，也就在匆匆忙忙之中，莫名其妙的過了。

「悠閒」與「匆忙」，並不取決於事情的多寡，而在於心境之上。「心遠」的人，地自然偏了；「耽心」的人，即使遠處山林之中，仍然全身掛礙。至於無所事事的人，因爲人生沒有目的、生活沒有目標，每天只是渾渾噩噩的得過且過，就不能叫做悠閒了。

本詩以「悠閒」與「匆忙」、真悠閒——「把時間握在手裡」與假悠閒——「無所事事的人」對比成詩；以譬喻「像與山谷依偎的小溪」與「像急著奔赴大海的湍流」，以轉化「讓時空投焦在自己的軸上／淺斟低唱」與「被時間追著趕著跑著跳著／直線的燃燒生命」強化主題，詩在出奇的立意上，頗有意外之喜。

（中國語文五八八期、二〇〇六年六月）

二二、原鄉

背著背叛的罪名
驕傲的挺起胸膛
兩腳站立
從此
故鄉愈來愈遠

偶爾
向心底深處的森林
凝視
卻無法喚回
昔日的認同

語解

背著背叛猿族、獨立而成人類的罪名／捨棄四腳貼地的習性，而驕傲的挺起胸膛／兩腳站立，直起身體／從此／人遠離曾經居住的森林，自己建立起人的世界

偶爾／人會打開心底的記憶，向從前的故鄉—森林／眺望／卻已經無法喚回／從前人就是猿，只能處於森林之中過活的認同

分析

人從四腳著地的猿，進化而爲兩腳直立的人，歷經數百萬年；但本詩短短十句，已經道盡這段漫長而又偉大的進化歷程。這是因爲以具體的情事，涵蓋抽象的意念的緣故。

以「兩腳站立」，敍人已從猿類獨立出來；以「故鄉愈來愈遠」，敍人文明蒸蒸日上；以「偶爾／向心底深處的森林／凝視」，敍人並非真的「背叛」，只是因爲進化；

以「卻無法喚回／昔日的認同」，敍人與猿是截然不同的兩類，人已經遠離了原始。

本詩文字雖然平易，但人類數百萬年進化的事實，卻已經完全朗現在文字之間了。

（中國語文五五三期、二〇〇三年七月）

二三、源起

隱去兩千萬年進化的事實
截取一段自己想要的時空
強迫認同
否則就是背祖忘宗

憑自大的、自欺的自以為是
以部落、以民族之名
停在某一個千年
標榜

然而
數十萬年前是尚未遷徙的非洲人

數百萬年前的非洲人、非非洲人是
猿人——
人真正的祖先
非背祖忘宗者
遺棄已久

語解

隱藏人從原始動物進化而爲人類，曾經兩千萬年辛苦進化的歷史事實／只從中間截取一段自己想要的時期，做爲自己的歷史，號稱自己屬於某一民族／強迫別人必須認同這個半路才跑出來的祖先／否則就是背祖忘宗

以自己認爲的民族最偉大——自大的心態、不說人類是由猿族進化而來——自欺欺人的認知，自以爲是的／用某一部落的名義、某一民族的名稱／把自己的歷史、自己想要的時空，停在某一個千年之上，做爲自己所謂民族的起點／標榜自己叫做什麼部落或什麼民族

但是／數十萬年前，地球上所有的人類，仍然屬於還未遷徙到世界各地的非洲人／數百萬年前，不管是否住在非洲，人都是尚未進化成人類的／猿人——原始的猿人／才是人類真正的祖先／標榜自己叫做什麼部落或什麼民族，而責罵別人如不認同他的認

同，就是背祖忘宗的人／已經早把自己真正的祖先——猿人或尚未遷徙到世界各地的非洲人，遺棄很久了

分　析

人類從以家爲主的家族、以部落爲主的部族、以群體爲主的民族，到以人民爲主的國家，一路進化而來，歷經數百萬年。愈是原始，愈以家族、部族或民族爲號召；愈是文明，則愈以國家爲主體，緊密結合在自己的土地之上。

人類誕生在非洲的東部，七百到五百萬年前，才與類人猿正式分離，開始走上自己的進化之路。二百四十萬年前，東非奧杜威峽谷出現的巧人（Homo habilis），應該是人類最原始、最直接的祖先。從原人猿、類人猿、巧人、直立原人到智人（Homo sapiens），人自一千八百萬年前開始進化，才有今天我們這些人類。

人類真正的祖先，應該是最像人形的猿人，或已經成形的巧人；但有一些蠻橫無知、自大自欺的人，把人類將近兩千萬年進化的歷史事實截斷，硬從半路拖出一位號稱自己祖先的人，要求別人跟著膜拜，否則就是背祖忘宗。但這一批膜拜半路祖先的人，卻早已把真正的祖先——猿人或巧人，拋諸腦後，甚至不予承認，好像他們這位半路的祖先，是從石頭、從土中憑空出現的一樣。因此本詩首段以「強迫認同／否則就是背祖忘宗」與末段「非背祖忘宗者／遺棄已久」兩相對比，頗能戳破這些創造半路祖先者的神話。

人，同出於一源，不該分你、分我；世界，同處於地球之上，不該你爭、我奪。你以五千年前的人做爲祖先，我以四百年前的人做爲祖先，他以兩千年前的人做爲祖先；這些都是假的祖先，因爲真正的祖先，遠在數十萬、數百萬年前；當時的人，才是我們共同的祖先！

（中國語文五五三期、二〇〇三年七月）

二四、歷　史

困居地球的人
始終重演相同的戲碼
殷鑑
只是對過去一次又一次的
懺悔

莽原掠食的快感
依然懷念
有時舔舔嘴邊殘餘的腥味
不禁意氣風發：
我要戰爭

語解

住在地球無處可移的人／爲了爭土爭地、爭名爭利，始終重演彼此攻伐相同的戲碼／以前人的歷史做爲借鏡／只是人類對於過去的所作所爲，一次又一次的／懺悔

原始時代，爲了生存而在莽原之上掠食搶奪的快感／人在潛意識中，依然記得／有時舔一舔遺留在嘴邊殘餘的腥味／不禁意氣風發似的大發獸性／而在心裡高喊著：我要戰爭

分析

有幸一起住在地球之上的人類，理應彼此關愛；但因人從原始猿人進化至今，仍然未脫殘存在身體之內的獸性，於是爲名爲利、爲土爲地而相互攻伐的情事，隨時發生。

本詩將場景搭在原始與文明之間，藉人性「殷鑑」、「懺悔」與獸性「掠食的快感」、「我要戰爭」，諷刺人類所謂的歷史，就是一部人類的戰爭史。詩的文字雖少，但其主意應能深中人心。

（中國語文五八一期、二〇〇五年十一月）

二五、制度

停止正在流動的河

築堤濬深
想將不多的水留住
以免乾涸

乍看是湖，其實是池
有限的水在此沉澱
不增不減
未能全面整治而斷成兩截的河
沒有明天

突然改變依循常軌的玩法
隨意另訂規則
河
不及淤塞
已經死亡

語解

將正在流動、正常流動的河流停住／高築堤防，挖深河道／想把河流並不太多的水，全部保留下來／以免乾涸

築堤深挖的這一段河道，表面看來，好像一個湖泊，其實只是一處積水不多的池塘罷了／因爲河流的水不多，雖然都已經匯集在這裡了／但有限的水，畢竟有限，不會突然增多／只做片面或局部改進，而不從全面或整體來著手，有限的河水被擋之後，河流好像被人切成兩截，無法再往下流／已被切成兩截的河流，就不能再稱爲河流了

突然更改正常運作、人們早已習以爲常的法令或制度／只憑己意，隨便另訂一套新的規則／將有如中途被人「築堤濬深」的河流／還未看到它如己所料的淤塞時／河流早已死亡似的消失了

分析

法令或制度，平時應以「常」字爲主，使人得以將習以爲常的法令，融入生活、融入心裡而切實遵行。當法令或制度有所興革時，則應從全面、從根本來檢討，不宜頭痛醫頭，或只將射在身上的箭鋸掉而已。「常」與「全面」，這是平時與殊時施政的兩大原則。

本詩以河爲喻，將人們擔心河流的水量愈來愈少，可能形成淤塞，而在中途加以「築堤濬深」。卻不明白如果未能正本清源、全面整治，河流可能還來不及淤積，就已經因斷成兩截而不能再稱之爲河了。詩在諷諭之中，主意深深。

（中國語文五八二期、二〇〇五年十二月）

二六、恆靜

嫉妒躲入藉口的漩渦裡
聖潔的虛假一圈一圈
橫行整個水面

得逞只是一時
渾圓的雍容的漩波
觸岸即破
重新恢復平靜的水面
仍然清朗

語解

嫉妒不敢明言，好像躲進藉口的漩渦裡似的、以各種理由攻擊別人／表面看來，高潔神聖、不可侵犯的話語，一番又一番／橫行水面似的到處散播

有人誤以爲真、自己以爲得逞了，其實只能蒙騙一時／儘管漩渦旋轉出來的漩波、利用藉口所講出來的話語，多麼的渾然天成、多麼的雍容高貴／但只要碰觸到邊岸就破了，只要稍做思考就拆穿了／水面重新恢復平靜、虛假已被看穿之後／湖水仍然清澄明澈、人間仍然清明開朗

分析

「嫉妒躲入藉口的漩渦裡」，指嫉妒以各種藉口攻擊別人；「聖潔的虛假」，指嫉妒虛假的話語，講得好像神聖、高潔，不可侵犯似的；「觸岸即破」，指虛假的話語，不管講得多麼天衣無縫、冠冕堂皇，還是很快就會被拆穿的；「仍然清朗」，指藉口只能騙人一時，無法長期得逞。

本詩以象徵的手法，剖析嫉妒者的心態，意象鮮活。又，在漩波「橫行整個水面」與水面重新恢復平靜的兩段之間，加入「得逞只是一時」句關照上下，全詩頓時連成一氣，靈動自如！

（中國語文五八三期、二〇〇六年一月）

二七、恆動

燈
像船上迎風搖曳的漁火
浮漾在輕淺的空氣裡
明　滅

一啟一閉
眨眼的速率總是嫌慢
眨動的眼儘管使盡力氣
仍然無法隨著燈的節奏
視　息

有光有亮
其實難見五指
人在閃著爍著抖著顫著暗黃的燈裡
暈開

思緒
愈拉愈長

語解

燈／像在大海上航行、漁船裡迎風搖擺的漁火／飄浮於輕薄淺淡的空氣中似的／一明一滅，忽明忽滅

一開一闔、一亮一暗／眨動眼睛比不上燈閃爍的速度／即使眼睛用力的眨／仍然無法跟上燈一明一滅的節奏／而睜眼、而閉眼

閃爍的燈，雖有亮光／但忽明忽暗的燈，很難清楚照出五根手指的樣子／人在閃爍得有如正在顫抖的暗黃色的燈光裡／眼前暈開一般的模糊了起來／腦中的思緒／愈拉愈長似的愈想愈多

分析

燈，像漁船一般的浮在空氣之中，燈火，像漁火一般的明明滅滅，這是譬喻的描寫。眨眼比不上燈閃爍的速度；即使用力的眨，也是枉然，這是誇飾的描寫。燈閃爍得有如正在顫抖，人在閃爍的燈裡暈了開來，這是想像的描寫。三段採取三種不同的手法，詩有變化的美。

隨時閃爍的燈，是動；用力眨動的眼，是動；在暗黃燈裡暈開的人，是動；愈拉愈長的思緒，也是動。詩以「恆動」爲題，巧妙有趣。如果眼睛能夠配合燈閃爍的情形——燈明則開、燈暗則閉，眼睛也可以有清楚的視野；詩在想像之中，意趣新穎。又，以借指生活的「視息」，描寫眼睛的「視」——看，「息」——停（閉）；以顫「抖」描寫燈的閃爍、以「暈開」描寫視野的模糊、以「愈拉愈長」描寫思緒的延展；靈動的字眼，也使詩的意境活潑了起來。

（中國語文五九二期，二〇〇六年十月）

二八、國際換日線

向東減少一天
向西憑添一日
在國際換日線上
時間暫停

太平洋的海水
自由來去
人一離開此線
除了感覺

還有標籤

語解

此線以東，減少一天／此線以西，憑空增加一天／所以在國際換日線上／日子不增不減，時間好像暫時停住了

太平洋裡的海水／自由自在的來來去去／但人一離開這條國際換日線／除了感覺自己正身處東方或西方之外／還有別人認爲你是東方人或西方人

分析

首段「向東減少一天／向西憑添一日」，所以如果站在國際換日線上，時間應該會暫時停下來吧！這種情形雖然不可能，但詩句卻有濃濃的趣味。

次段太平洋的海水，可以來來去去，但人只要離開國際換日線，自己就有異樣的感覺，別人就有異樣的眼光；文字寫來雖然平易，詩卻已經足以發人深省了。

首段饒富趣味，次段寓含深意；在這條國際換日線上，你我是否都應該好好的想一想呢？

（中國語文五六七期、二〇〇四年九月）

二九、如果

如果
歲月沉睡於夢中
生命年年都像初釀的美酒
如果
東風拒絕交棒
春天戀棧繁華而忘了歸期
如果
手上握有實現憧憬的神燈
不可能是因為有所不為的不願能

人將
沒有食物
沒有趣味
沒有明天

語解

如果／歲月有如沉睡於夢境之中，時間停止不動／生命年年都像初釀的美酒，人人青春永駐／如果／東風拒絕交出棒子，不讓季節輪流更替／春天有如戀棧人世之間的繁華，而把歸期忘了／如果／手上握有神燈，可以隨時實現任何的憧憬／不可能只是因爲不想做、或不願意如此的做罷了

人將會／因生命常在、人口過多而沒有食物／因只有一季、無冬無夏而沒有趣味／因隨心所欲、馬上可以得到而不再期待明天

分析

首段以三個「如果」，敍寫三個人所企求的願望；三個願望各以抒情的手法，娓娓道出，詩句綿長而優美。

次段以短截有力的字句，針對首段人的憧憬，一反收結婉約含蓄的常態，分別提出當頭棒喝式的答案，詩句遒勁而精警。

本詩以緜長的字句，寫悠遠而不可企及的想像；以短截的語氣，寫肯定而不容懷疑的現實；詩有意趣，有美感。

（中國語文五七〇期、二〇〇四年十二月）

三〇、不是空白

不曾畫上經線、緯線的
無色地帶
寬如思維
長如情致
一無所有卻無所不有的
存在

窄門很窄
只許孤獨進入無限的領域
作業
打造個人化的成品
與人普遍分享

語解

沒有標識經線、緯線／沒有範圍、沒有色彩的廣大的領域／和人的思想一樣的寬／

和人的情致一樣的長／表面看似一無所有，其實只要用心捕捉，卻能無所不有的／存在於創作之中

這個領域的門很窄／只許個人孤獨進入可使思想自由馳騁的境地／從事創作／像打造個人化的成品一樣，寫出屬於個人風格的作品／而與所有的讀者一起分享

分析

「空白」，是因表面似乎一無所有；「不是」，是因只要用心思考，就能寫出屬於自己的作品。以「不是空白」爲題，將創作抽象的歷程，具體呈現在紙面之上，立意新。首段以「寬如思維／長如情致」，界定「不曾畫上經線、緯線的／無色地帶」，看似具體，其實抽象。次段以「只許孤獨進入無限的領域／作業／打造個人化的成品」，看似抽象，其實具體。詩在具體與抽象之間鋪寫，具有虛實相生的趣味。

（中國語文五五六期、二〇〇三年十月）

三一、留白

山澗偶爾駐足的小溪
蕩漾林梢的綠
原野被風吹破的微雨

幾隻飛鳥翺翔
大地隨意妝點的初雪
情與景在此邂逅

可供透氣的歇的息的空的白
即使一隙
地球已經均衡

語解

在山谷之中潺潺流動的小溪，偶爾於蜿蜒之處停了下來／讓林梢的綠芽在水裡蕩漾／原野好像被風吹散而暫時停歇的微雨／幾隻小鳥趁機飛來翺翔遨遊／初冬的雪，有如大地在草坪上隨意的妝點／人在此情此景之下，不禁陶醉

可以使人停下來喘口氣的空白／即使只有一線小小的縫隙、一點少少的時間／住在地球上的人類，已經足以喘息、調適，而恢復原來均衡的生活

分析

首段「山澗偶爾駐足的小溪」，因爲「駐足」，所以能使林梢的綠在此蕩漾，這是

空白。「原野被風吹破的微雨」，因為「被風吹破」，所以能讓飛鳥在此翱翔，這是空白。「大地隨意妝點的初雪」，因為初雪下在草地上，所以能將人的視線整個吸引，這是空白。本段以轉化的手法舉用三個譬喻，暗點詩題「留白」的「白」字，抽象的空「白」頗為具體。

二段「可供透氣的歇的息的空的白」句，直接明示詩題「留白」的「留」字，並將首段空間的空白，拓展到時間的空白「歇息」之上。「即使一隙」句，就時間而言，是短暫的「歇息」；就空間而言，則是一線小小的「空白」。「地球已經均衡」句，一指人的生活得到了平衡，一指整個地球得到了生機。主題一暗點一明示，描寫一譬喻一白描，詩有變化的美。

本詩從一線——小溪、一片——原野、一面——大地，寫到整體——地球，一層勝似一層，層層拓至整個地球之後，再以「即使一隙」——極小的「一隙」加以反襯，詩句頓時跌宕，詩意頓時豁然開朗了起來。

（中國語文五八〇期、二〇〇五年十月）

第五章　詩遊世界

一、藍色多瑙河

裝飾藍河的城堡
在田園整齊的村舍前
講著童話
別著小花的村舍
在冰山雪白的影裡
依河盤旋

河裡藍色的水
孕育躍動的音符
酒一樣醇美的旋律

經兩旁斜坡的葡萄的
醞釀
自莫札特、自貝多芬、自史特勞斯手中
彈出水面

立足千年的古都
沉沉欲睡
於音樂的河裡甦醒
宮殿已成公園
別館正在議會
阿爾卑斯的民族
又在一氣呵成的綠色的草地上
翩翩起舞
將年輕的鮮血注入
重新展現奧地利活潑的
生命

儘管向東流去
源自德國黑森林的多瑙河
仍把最美的記憶
塵封
留在維也納

語解

裝飾藍色河流沿岸大大小小的城堡／在原野之間、田園之中整齊的房舍前面／像童話故事、充滿遐想的矗立著／窗臺、庭前好像別著小花，鄉村城裡家家種滿花草的房子／影子清楚的映在有如明鏡一般、雪白的冰山上／循著盤旋曲折的河流散布

河裡透著藍色的河水／給了音樂家們靈感，而孕育出躍動在五線譜上的音符／像酒一樣醇厚、甜美的旋律／經河兩旁、順著斜坡遍地種植的葡萄，如詩境、如畫境的／醞釀、觸發／而從莫札特、從貝多芬、從史特勞斯親自譜寫的作品中／彈奏出構想得自多瑙河的音樂

建在河畔，已有千年之久的古都維也納／沉靜恬謐，如人即將入夢／又在滿是音樂意念的河裡，活躍了起來／昔日的宮殿，已經變成供人遊賞的公園／從前的別館，已經改做議會而正在開會／阿爾卑斯山附近的人民／又在連成一氣、無邊無際的綠色草原上

╱輕快的跳起舞來

多瑙河的河水，像把年輕的鮮血，注入古老的維也納一般╱重新展現奧地利人天生活潑的、樂天的╱生命情懷╱儘管繼續向東流入黑海╱發源自德國黑森林的多瑙河╱仍然把流域最美的景色，給人最深的記憶╱封存起來╱永遠呈現在音樂之都——維也納

分析

首段寫多瑙河流經原野的景色，二段寫音樂家得自多瑙河靈感的情形，三段寫多瑙河畔古城維也納今昔的風貌，末段寫多瑙河最美的一段流域。本詩依次展開、依序鋪寫從原野流進維也納的多瑙河，最後把筆尖停在維也納高潮的點上，戛然而止。

以童話的城堡、別花的村舍敍其自然，以葡萄的醞釀、音樂家的觸發敍其藝術，以昔日的建築、如今的人民敍其文明，以注入了生命、最美的記憶敍其感動，詩在自然的美景、音樂的藝術、優雅的文明、美麗的感動裡，一改常人對於河流司空見慣、熟悉無奇的印象，而使字句頓時豐富、靈動了起來。

多瑙河與萊茵河、淡水河與濁水溪，一文明、一鄉土，我都很喜歡！

（中國語文五五〇期、二〇〇三年四月）

二、萊茵河

萊茵的黃金
從太陽的眼中升起
閃閃發光
河底金髮的美女
爬到高高的岩上清唱
一再重演
「羅蕾萊」的美麗

華格納手上尼貝龍的指環
無法染指
時間的河
穿過兩次大戰
在絲毫無恙的海德堡
舊橋橋下古典的橋洞

悠閒聊著如果

橋上行人的影子
掉在河裡
淨化出德國樸質的個性
河裡除了澄澈
滿滿都是海德堡古老的建築
依序排列
沿途展示

河
朝與野蠻相反的方向
繼續向西
新的藝術、新的科學、新的文明
從此流出

語解

傳說萊茵河的河底，藏有爲數可觀的黃金／每天早晨，從太陽注視照射的河面上，發出／燦爛耀眼的光芒／河底看管黃金寶藏的金髮美女／爬到高峻的岩石上，清唱柔美的旋律／反覆敍述／「羅蕾萊」這首美麗動人的歌曲

華格納的歌劇，擁有魔力、無所不能的尼貝龍的指環／於此無法施展／流過以往、流於現在的河／歷經兩次世界大戰／在未被轟炸、完整無損的海德堡／舊橋橋下，古樸典雅的橋洞中／悠閒自如的流著，好像正在聊著：如果二次大戰曾被轟炸……

行人走在橋上的影子／倒映在橋下平靜的河上／河水好像把德國人腳踏實地質樸的個性，淨化了出來／河裡除了清澈澄明的河水之外／海德堡古老的建築，全都映在河裡／依照順序，逐棟排列／沿著河畔，一路展示

萊茵河／朝著與野蠻相反的、進化的方向／繼續向西流去／歐洲新的藝術、新的科學、新的文明／就從萊茵河經過的地方，創造了出來

分析

德國音樂家華格納根據北歐神話，以二十六年的時間，完成樂劇尼貝龍的指環。尼貝龍的指環計分萊茵的黃金、女武神、齊格菲與諸神的黃昏四部，旨在描寫諸神與巨人

爲了爭奪指環，貪婪、殘暴，相互纏鬥的故事，是音樂史上偉大的鉅構。

本詩採入尼貝龍的指環的序幕（首部），萊茵河藏有黃金寶藏的故事；並將看守黃金與傳說常在河中巨岩之上唱歌，不同的金髮美女合而爲一，使詩起筆即有懷古與浪漫的情致。

其次再以尼貝龍的指環無法使出魔力，敍寫歷經二次大戰，海德堡絲毫無損的情形，使萊茵河的現代傳奇與古代神話，輝映成趣。

其次以河面的倒影爲主，將筆停在海德堡的萊茵河上，由河及人「淨化出德國樸質的個性」，由人及物「滿滿都是海德堡古老的建築」鋪寫，意趣橫生。

末以河向西流，迴異一般向東的慣性，抒發萊茵河對藝術、科學、文明觸發的貢獻，並持續不斷的流溢出來收結全詩，使詩在今與昔、傳說與現實之間，內容更爲具體、感動更爲強烈。

如果少了多瑙河與萊茵河，人類的文明，可能還停在有段距離的以前！

（中國語文五五〇期、二〇〇三年四月）

三、泰晤士河

雖然
太陽不落的光采

橫在河上
斜成一景脈脈的
餘暉
羅馬、高盧、西班牙從前的
戰役
在滿是餘暉的流裡
已經沉澱

雖然
蒸氣氣笛的笛聲
不再響起
古舊的倫敦的街道
依然黯淡
黯淡的炭灰
掉在美國
掉在澳洲
掉在加拿大

然而
大憲章章裡民主的神話
早已成形
白金漢宮宮前自由的空氣
正在瀰漫
拜倫、密爾頓、莎士比亞……
從來沒死
泰晤士河勢必洶湧
我將再起

語解

雖然／全球到處都有屬地，國旗隨時都在空中飄揚，國勢形同日正當中的光采／有如太陽已經西移，橫照在泰晤士河的水面之上／只能獨霸於歐洲的西大西洋；有如斜陽一景脈脈的／餘暉，而只能統治英國的本土／抵禦羅馬入侵、對法百年作戰、大敗西班牙的無敵艦隊，歷史上這許許多多的／慘烈的戰役／在夕陽斜照、水面滿是餘暉的泰晤士河裡／彷彿已經沉澱在水中似的過去了雖然／瓦特發明蒸氣機，吹動近代工業革命號角的氣笛的笛聲／不再響起，英國不再獨領文明的風騷了／古老的帝國，古老的倫敦，古老的街道／依然黯淡，依然未能重振舊日的雄風／點燃煤炭，燃出蒸氣，建立工業文明而飄在空中的炭灰，有如英國廣向各地移徙的人民／移到北美而建立美國／移到澳洲而建立澳大利亞／移到大西洋東岸而建立了加拿大

但是／大憲章裡爭取民主、看似神話的主張／已被所有的文明國家採用，已經成爲普世的主流價值／白金漢宮還政於民、人人得以自由的事實／正向各地散播，正在引領世界／文學名家拜倫、密爾敦、莎士比亞……他們的作品，至今仍然膾炙人口／他們永遠活在世人的心裡，並未死去／泰晤士河將如旭日東升，而洶湧澎湃起來／英國必能再度強盛，再次影響整個世界

分析

「太陽不落的光采」，指全球到處都有屬地，國旗隨時都在天上飄揚，長期享有「日不落國」美譽的英國；「斜成一景脈脈的／餘暉」，指有如太陽的英國已經西移，而橫照在泰晤士河的水面之上，只能獨霸於歐洲的西大西洋，有如斜陽一景脈脈的餘暉。首段以太陽比喻英國，敍大不列顛如今的國勢，已經大不如前了。

二段「蒸氣氣笛的笛聲／不再響起」，指英國不再獨領文明的風騷了；「古舊的倫

敦的街道／依然黯淡」，指英國仍然未能重振以前的雄風。詩以「炭」字具體描寫燃炭的工業革命，以「炭灰」形容英國勢力所及的範圍；在「黯淡的炭灰」句一轉之後，氣勢陡然拔起，意境頓時開闊；英國人民「掉在美國／掉在澳洲／掉在加拿大」，而建立了三個英裔的大國。以「掉」字描寫英國移民各地的情形，意象鮮明。

英國雖然至今仍然實行君主立憲，但普世自由民主的火苗，卻從英國的大憲章裡迸發出來，而成爲文明世界的主流價值，所以說「大憲章章裡民主的神話／早已成形／白金漢宮宮前自由的空氣／正在瀰漫」。英國不但是自由民主的發源地，而且更是人類近代文明的搖籃，科學與人文均有相當傑出的表現，因此詩以「拜倫、密爾頓、莎士比亞……／從來沒死」，他們都由於偉大的作品而永垂不朽，預期「泰晤士河勢必洶湧／我將再起」，英國一定還會再次成爲世界的領導者。

（中國語文五五八期、二〇〇三年十二月）

四、聖羅倫斯河

相同的經驗
相同的熟悉
聖羅倫斯河有形的國界

無法截斷
如河如流繫連的情感

水從美加邊隙尼加拉瀑布危峻的崖上
崩墜
一縱就是萬里
將兩旁原鄉的記憶
自大西洋返回
向雄踞歐洲西部的大不列顛
請安

英國入夜之後的落日
又在聖羅倫斯河的兩側
綻放光芒
太陽不落
不是歷史
而是事實

在美洲的北部
依然燦爛

語解

相同的生活經驗／相同的思想認知／以聖羅倫斯河做爲兩國有形的國界／卻無法截斷同是來自歐洲、來自英國的美國與加拿大／像河流一樣彼此緊緊繫連在一起的無形的情感

水，從美國與加拿大的邊境、尼加拉瀑布高峻的懸崖上／突然崩塌，整個墜入聖羅倫斯河的河裡／一流就是萬里／將河兩旁、美國與加拿大對故鄉英國深刻的記憶／自紐芬蘭流出，沿著寬廣的大西洋返回英國／向遠在歐洲西部的故鄉——大不列顛帝國／問候請安

英國入夜之後西下的太陽，英國退回本土之後強盛的國勢／又在聖羅倫斯河流經的美國與加拿大／綻放光芒，引領世界／國旗永遠在空中飄揚的日不落國／不是已經成爲過去的歷史／而是正在世人眼前的事實／英國人在美洲北部的美國與加拿大／依然有如太陽似的照耀地球，主導世界

分析

本詩表面上是描寫北美聖羅倫斯河這條河流，實際上卻在鋪敘聖羅倫斯河兩旁的美國與加拿大，且以美國與加拿大爲主，藉著河水流入大西洋，向西拓境及於遠在歐洲的英國；這是從北美西向英國、從現實返回記憶的寫法。

彷彿太陽永遠不落、國旗永遠飄揚的英國，如今雖然風光不再，但從英國移到北美的英國人，已在大西洋的彼岸，繼續升起國旗，繼續維持日不落國，隨時引領世界的主導地位，這是從英國東向北美、從歷史進入現實的寫法。

聖羅倫斯河在陸地上，連繫著美國與加拿大；在海洋上，連繫著歐洲與北美；在整個地球上，維繫著英國今昔始終不墜的光榮。以「聖羅倫斯河」爲題的這首詩，詩在短短二十行中，已經清楚詮釋了近代文明發展的情形。

（中國語文五五八期、二〇〇三年十二月）

五、小威尼斯——班堡

歐洲運河
將漸行漸遠、各奔西東的
多瑙河與萊茵河拉住

留在班堡
與雷格尼茨河為伴

雷格尼茨河中的塔樓
在島上墊著腳尖
向遠在義大利的威尼斯
招手
炫耀牆上五彩繽紛的壁畫
塔樓伸出石橋
與水上人家的悠閒相接
自中古世紀以來
不曾分離

班堡西邊
長在山丘之上的宮殿
不再填寫帝王世家的系譜
而慶幸還有這一大段

空白
丘旁突起的教堂
一景一景虔誠的雕刻
都在河的見證之下
典雅起來

訪古與尋夢的人
在河與河間
以自己的想法
浪漫
巴伐利亞的班堡——小威尼斯
走過從前
卻不退流行

語　解

連接歐洲兩大水系的歐洲運河／把一向東、一向西，愈流相距愈遠的／多瑙河、萊因河拉在一起，連結起來／流經班堡這個古城／和貫穿班堡的雷格尼茨河做伴蓋在雷格尼茨河裡小島上，做爲市政廳的塔樓／像在島上墊起腳尖似的，高高的聳立著／高高聳立著的塔樓，如向遠在義大利的威尼斯／招手示意／並炫耀繪在牆上五彩繽紛的壁畫／塔樓好像伸出手來，修築石橋通到街上／和住在雷格尼茨河邊的水上人家一樣，悠閒自在／從中古世紀建城以來／班堡水都的景致，一直就是如此

班堡雷格尼茨河的西邊／建築在小山丘上新的、舊的宮殿／不再當做皇宮，不讓帝王繼續統治，而將帝王世家的系譜，繼續塡寫下去／慶幸宮殿在帝王統治結束之後，還能留下這一段長時間／不再居住帝王，可以任人走訪的空白／雷格尼茨河西邊，中古世紀建於山丘之上，從地面高起的大教堂／以虔誠的態度，雕出一景一景精美的圖案／都在雷格尼茨河的倒影裡，像請河水見證一般的／益發顯得質樸、典雅起來

拜訪古城、尋找夢境，以抒發思古幽情的人／在多瑙河、萊茵河和雷格尼茨河交錯的班堡上／以自己的想法、自己的情懷／享受浪漫的氣氛／位在德國巴伐利亞上的班堡——素有水都「小威尼斯」的美譽／經過中古世紀以來漫長的歲月／不退流行似的，仍然受到人們深深的喜愛

分析

詩的題目是「小威尼斯——班堡」，但詩的內容卻以貫穿班堡的雷格尼茨河爲主；這是因爲班堡能夠擁有水都的美名，完全由於雷格尼茨河優美的景致，與河畔水上人家

悠閒的生活而來。所以寫班堡時，就不能不把雷格尼茨河做爲詩文的主題。

本詩係從位在班堡的歐洲運河入題，從被歐洲運河連接的多瑙河與萊茵河，引出班堡的主要河流雷格尼茨河。然後再以雷格尼茨河裡小島上，高高聳立的塔樓做爲基點，逐層向外描寫。如此寫法，可以從點而面，將雷格尼茨河所在的班堡，具體的畫在讀者的眼前。

從歐洲運河寫到雷格尼茨河、從水中的塔樓寫到山上的教堂、從班堡的景致寫到巴伐利亞的浪漫、從眼前的小威尼斯進入從前訪古與未來尋夢的意境之中，詩在多重的時空裡交錯，但詩的意與境，卻以典雅的和諧，引起更多美的遐想。

（中國語文五五四期、二〇〇三年八月）

六、自由女神

擎著火炬
照亮頭頂沉重的冠上
七個大洲
打開宣言
宣告正式進入新的紀元

一個人類創造的神
在紐約的外海

遠從法國跨洋而來
一百多年了
並不想家
地球為了分送她的光芒
每天自轉
上帝遺忘在口袋裡的
她大方的給予
自由

海面的船
她是指引航道的燈塔
陸上的人
延頸翹盼她的凝視
天佑地球
自由女神

語解

右手高舉燃著火焰的火炬／從頂著火炬、沉重的頭冠上，將自由照射出去／火炬一支代表一洲，七支火炬代表地球的七個大洲／左手打開獨立宣言／宣告美國正式獨立、世界正式進入民主新的紀元／一個人類以自由、民主創造出來的女神／日夜在紐約的外海守護著

一八八四年，遠從歐陸的法國，橫跨大西洋來到北美／遠從美國獨立一百週年至今，已經一百多年了／守護美國、守護地球，並不在乎位在那裡／地球好像爲了平均分送她熱情燦放的光芒／每天不停的自轉／上帝放在口袋裡，忘了一併交給人類的東西／她大方的、普遍的給予——／自由

對駛在茫茫海上的船隻來說／她是指引正確航道的燈塔／對活在極權國家的人們來說／大家延頸期盼她的凝視、她的關懷／代替上天保佑地球的是／象徵美國、象徵民主、位在紐約外海的自由女神

分析

自由女神代表美國，美國代表自由、民主，自由、民主正是普世新的價值、新的文明。所以詩名「自由女神」，其實是寫美國、寫民主、寫人類新的文明。

首先從自由女神本身，描寫頭冠上的七支火炬，代表地球上的七個大洲。其次從歷史背景，敍寫自由女神雖於一八八四年來自法國，卻不再回去，因爲她已經屬於美國、屬於整個地球了。最後從現實的世界，敍寫自由女神每天以燦爛的光芒，將自由、民主分送到地球的每一個角落，希望世人都能同享文明世界的新價值。詩在今、昔之間自在的鋪陳，結構嚴謹。

本詩以火炬代表七洲、以地球自轉分送光芒、以天佑地球讚頌女神；文字看似平淡，意境卻已壯闊，氣勢也已暢盛。

（中國語文五五二期、二〇〇三年六月）

七、黃石公園

地心熔爐億年的
炙烤
鬆軟的沙質
硬成焦黃、雲灰的岩土
搶去太陽的光采

地上透明的、滾燙的礦水
把綠蒸褪

慘白枯立的枝幹
圍著定時噴爆的間歇泉
解渴

動的、靜的生物
早已紛紛走避
卻仍冒險回來
爭睹
地殼不斷騰升的熱氣的生命
溫存從前

語譯

像熔爐一般的地球核心，億年以來不斷／煎炙似的燒烤地殼／本來鬆鬆軟軟的土地／已被烤成焦黃色的或雲灰色的堅硬岩土／取代陽光普照之下的金黃色，而將太陽亮麗的光彩奪走

從地上噴出、透明清澈而又騰湧滾燙的礦水／翠綠的葉子經礦水熱氣的薰蒸之後，褪了顏色似的枯黃了／慘白乾枯的枝幹，一根一根無助的站立著／好像大家圍著定時噴

爆而出的間歇泉／期盼能以泉水來解渴、來活命

不論動物，還是植物／早已紛紛逃走避開，移居他處了／但這些早已移居他處的人、的動物，卻仍然冒著他們爲何走避的危險回來了／只是爲了爭相觀賞／從地殼不斷騰湧上來，有如地球旺盛的生命力的熱氣／回想從前住在這裡的點點滴滴，回憶先人與大自然搏鬥的種種情形

分　析

「地心熔爐億年的／炙烤」，指不斷受到從地心騰湧的熱氣，煎炙般的燒烤；「搶去太陽的光采」，指遍地焦黃的顏色，已經取代太陽臨照大地時金黃色的光輝；「把綠蒸褪」，指翠綠的葉子，已在礦水熱氣的薰蒸之下，變枯變黃了；「圍著定時噴爆的間歇泉／解渴」，指變枯變黃、而且已經變得慘白的枝幹，好像非常口渴似的圍在間歇泉的旁邊，期盼間歇泉能夠噴出一些水來給它們喝；「溫存從前」，就個人而言，指從前住在這裡的點點滴滴；就人類而言，指回憶先人與大自然搏鬥的種種情形。

以「搶去太陽的光采」，極寫遍地焦黃，連陽光也黯然失色的情形；「把綠蒸褪」，極寫樹木已經枯了黃了，甚至死了；「溫存從前」，極寫從個人、從人類來回想從前的種種。詩以極寫的方式，將眼前的景極度的拓展出去；心裡的感，極度的抒發出來；很有張力！

（中國語文五九一期、二〇〇六年九月）

八、阿拉斯加

帝俄的弓射入太平洋的箭
太遠
又被冰雪封住
無法納入袋中
七百二十萬美元
尼古拉二世把國界畫出白令海峽
暗自竊喜

將箭拔起
星條為籬
如湧泉如奔瀑如浪濤
循著油管
地心熔爐的火
點亮整個天空
一西一東

與自由女神一起光耀美國
一北一南
與夏威夷連成一道防線
阻絕普羅米修斯前來盜取
一百五十二萬平方公里
亞美利堅旗上一顆閃亮的最大的星

每天晚上
俄羅斯人望著東邊的海
遙想
一縷鄉愁
油然而生

語解

帝俄時，有些人民像被弓射入太平洋的箭一般，遷移到阿拉斯加／帝俄認爲阿拉斯加距離俄境太遠／而且長年冰天雪地／像箭無法納回袋中似的，不屑把它列爲自己的國土／尼古拉二世以七百二十萬美元的代價／把阿拉斯加賣給美國，將國界畫出白令海峽

／自己以爲得計，私下暗自高興

美國把箭拔起，剷除帝俄的勢力／掛上星條旗，向世人宣告這是美國的土地／阿拉斯加蘊藏豐富的石油，像泉湧出、像瀑噴迸、像浪衝來似的／循著油管，不斷開採出來／從地底冒出的火／點亮了整個天空／一西一東／與東邊自由女神高擎的火炬，一起光耀美國／一北一南／與南邊的夏威夷，連成一道堅固的防線／阻絕像普羅米修斯，盜取天神宙斯的火種似的，防止敵人前來偷取現代的科技文明／一百五十二萬平方公里的阿拉斯加／是亞美利堅全國最大的州，是星條旗上一顆最閃亮的星星

每天晚上／俄羅斯人望向東邊的大海，望著已被尼古拉二世賣掉的阿拉斯加／遠遠的懷想著／一縷曾經擁有、如今只能悔恨的鄉愁／不經意的產生了

分析

隔著白令海峽，與俄境遙遙相望的阿拉斯加，由於俄人前去開墾，本來是屬於帝俄的領土。但尼古拉二世認爲離境太遠，而且到處冰天雪地，沒有開發的價值，因此只以七百二十萬美元賣了。

本詩以射出的箭，象徵移徙的人民；以「無法納入袋中」，象徵不想列爲領土；以「將箭拔起」，象徵剷除勢力；以「星條爲籬」，象徵擁有其地。具體的事以象徵的筆來寫，才能推遠心理的距離，才能產生真正的美感。又，俄羅斯人遙想阿拉斯加，「一

縷鄉愁，油然而生」；這「一縷鄉愁」，不是真的「鄉愁」，而是無限的悔恨，悔恨自己把珍愛之物輕率的遺棄了。詩在簡潔的文字之下，諷刺之意，油然而生。

（中國語文五六八期、二〇〇四年十月）

九、尼加拉瀑布

水
在北美大地游走
以離心的、拋物的形
從美國與加拿大的邊隙
飛爆而出

有如成群、成排的白雲
站在美國筆直的崖前
一起彈跳入谷
又像盛著大海的地殼
突然崩壞
千噸、萬噸的海水

自加拿大形如馬蹄的缺口
直向最深最絕的地底
傾倒

名為霧中少女的小艇
為了擷取一些好奇
幾度親近
洶湧的水氣
照例把它逼回
堅持
大地正常的作息

語解

無邊無際的水／在北美洲的大地之上，整體游走似的流動著／以離心的方式、拋物線的形狀／從美國與加拿大的邊境上／突然爆炸似的飛瀉出來

有如聚在一起一群一群、列隊成行一排一排的白雲／站在美國邊線筆直的崖岸之前／以高空彈跳的姿勢，同時躍下／又像將整個大海盛住的地殼／突然崩裂塌壞／千噸、

萬噸無法計量的海水／自加拿大有如馬蹄形狀的邊界缺口／直向最深最低的絕谷／一路傾倒下來

命名爲霧中少女的小遊艇／遊客們爲了掬取一些好奇似的／幾次把船駛向瀑布，想親近它／但洶湧而至、澎湃瀰漫的水氣／還是按照往例把船逼了回去／始終堅持／不受人們干擾，瀑布不斷飛瀉而下，大地正正常常的作息

分析

尼加拉瀑布，在美國從筆直的崖岸往下飛瀉，在加拿大則自馬蹄形的邊線奔爆而出；一曲一直，洶湧澎湃，常令駐足觀賞的人，忘了自己。

首段以「離心的」無法控制、「拋物的」美麗弧形，總說瀑布整體的樣子。二段以白雲成群成排、一起筆直的彈跳入谷，與地殼突然崩壞、海水從形如馬蹄的缺口倒進地底，分敍瀑布在美國與加拿大各自不同的形貌。三段則以遊艇無法逼近，側寫瀑布壯麗絕美的情景。

首段以線形直接形容；次段採入白雲與海水兩個譬喻，分別描寫；三段則將小艇與瀑布加以比擬，靈動詩意。全詩雖在「洶湧的水氣／照例把它逼回／堅持／大地正常的作息」一節戛然而止，但其餘意卻如瀑布一般，不斷的騰躍出來。

（中國語文五七九期、二〇〇五年九月）

一〇、路易絲湖(一)

兩道水閘似的大山
擋不住萬年堆疊的冰原
雪
從裂開的淺淺的缺口流出
融成一個寶石的
藍湖

籠著薄紗的湖
早晨太陽前來巡視時
才將怕受傷害
吹彈得破的臉
露出
怯怯張開眼來
為這一瞬的驚喜

遠處的城堡
隔著草地眺望
一站
就是百年

語解

蒼翠峭拔的山，水閘門似的矗立在兩旁／彷彿阻擋不住維多利亞萬年堆疊的冰原／雪／從兩側大山中間，像裂開的淺淺的缺口，流了出來／融化而成一個澄澈透明、有如晶瑩寶石的／藍色的湖泊

早晨，霧如薄紗一般，籠罩湖面／直到太陽前來巡視似的，照在湖上／湖才把好像害怕受到傷害／隨時可能被風吹穿、被人彈破的臉／展露出來／羞羞怯怯的張開眼睛，整個開朗起來

彷彿每天爲了欣賞薄紗才退、湖面晴朗，令人驚豔的景色／聳峙在遠處的城堡飯店／隔著如茵的草地遙遙眺望／一站／不知不覺已經過了一百多年

分析

維多利亞冰山的雪，夏天流入湖內，形成一個絕美的湖泊——路易絲湖。這個湖泊，

是加拿大落磯山脈的藍寶石，只要不經意的一眼，就能令人終身難忘。尤其在晨陽初臨湖面的時候，更是美得足以提升人的情操，因此我寫了「路易絲湖」這首詩。

首段將兩側的大山，喻爲水閘；藍色的湖泊，喻爲寶石。山極雄偉，水極溫柔；山與水兩相烘托，渾然相融而成一幅美麗的景色。次段以物擬人，描寫晨霧有如薄紗一般，籠罩整個湖面，直到陽光升起，才逐漸開朗起來。輕盈的文字，輕柔的畫面，路易絲湖的美，已經移來字裡行間了。末段則以城堡一站就是百年，只爲欣賞薄紗揭起、晨陽臨照這一瞬間的驚喜；詩以側寫的方式描摹，湖卻顯得更清新、更脫俗了。

我愛路易絲湖，我寫路易絲湖，因爲路易絲湖遠比人們所能想像的，還美！

（中國語文五七六期、二〇〇五年六月）

二一、路易絲湖㈡

冰的雪白
流入藍的湖裡
凝成
落磯山脈耀眼的
寶石

女王取下頭冠
把它鑲在腦中
返回大不列顛
仍然想著
加拿大的路易絲湖

語解

雪白的冰，融成潔淨的水之後／流入藍色的湖泊裡／凝結而成／落磯山脈最燦爛、最耀眼／有如寶石一般的路易絲湖

英國女王感動得拿下頭冠／將眼前這一個美好的記憶，有如鑲嵌一般的存在腦海裡／回到大不列顛之後／腦中仍然懷念著／加拿大美麗的路易絲湖

分析

每年夏天，維多利亞山的冰雪融化之後，流入路易絲湖，形成一個藍色的湖泊。在冰山翠嶺之間，遠望過去，好像嵌在落磯山脈一顆美麗的藍寶石。

英國女王受邀來到此地，有時駐足欣賞，悠然自在；有時環湖散步，眼前盡是不染

塵俗的美景。於是在喜不自禁、讚嘆不已之下，把它命名爲路易絲湖。

首段以冰的「白」與湖的「藍」，敍寫有如藍寶石的路易絲湖；二段以「鑲在腦中」，極寫英國女王由衷的讚嘆。一寫客觀的景，一寫主觀的情，情景早已相融。

（中國語文五九一期、二〇〇六年九月）

一二、班　夫

藍道山的悠閒
擋去風雨
踩在訪客
藍白的雲、藍綠的樹、藍灰的橋的腳下
一步一個記憶
步步都是小城難忘的
回憶

弓河笑著
流入大江東去

瑪麗蓮夢露隔著瀑布雪白的簾
隱隱的甜甜的對我
一眼一個驚喜
眼眼都是小鎮深長的
歡喜

藏於綠色如湖如海的針葉林中
閃亮的班夫
一個落磯山脈童話的
夢

語解

藍道山到處洋溢的悠閒／像擋去了自然的風雨與人世的風風雨雨一般／讓訪客如將悠閒踩在腳下似的，懷著輕鬆的心情／優遊在晴藍的藍天之下的白雲、綠樹與灰橋之間／每走一步就留下一個美好的記憶／每一步都充滿了走在小城時，令人難以忘懷的／回憶

瀑布展開笑容似的傾瀉下來／注入弓河之後，一路向東流去／曾拍「大江東去」的

瑪麗蓮夢露，好像正隔著如簾一般雪白的瀑布／隱隱約約的、甜甜脈脈的對著我微笑／
每看一眼就有一個驚喜／每一眼都產生了對小鎮深長的／歡喜

隱藏在綠色有如湖泊、有如大海的針葉林裡／有如寶石閃閃發亮的班夫／是一個加拿大落磯山脈中，美好有如童話一般的／夢境

分析

首段「藍道山的悠閒／擋去風雨／踩在訪客／藍白的雲、藍綠的樹、藍灰的橋的腳下」，指訪客懷著悠閒的心情。優遊在晴藍的藍天之下的白雲、綠樹與灰橋之間。次段「弓河笑著／流入大江東去」，以瑪麗蓮夢露曾在此地所拍的電影「大江東去」，直接嵌入句中，一寫弓河，一寫想像。三段「藏於綠色如湖如海的針葉林中／閃亮的班夫」的「閃亮」二字，不但承上「藏於綠色如湖如海的針葉林中／閃亮」，而且啓下「閃亮的班夫」，緊湊之中，自有趣味。又，末段以「一個落磯山脈童話的／夢」，總收一、二兩段「一步一個記憶／步步都是小城難忘的／回憶」與「一眼一個驚喜／眼眼都是小鎮深長的／歡喜」，詩的結構嚴謹。

班夫，位於加拿大落磯山脈上，恬靜優雅，值得你我置身此中慢慢的品味！

（中國語文五七九期、二〇〇五年九月）

一三、蘇格蘭的風笛手

獨自傲岸
山與谷、戰爭與和平、蘇格蘭與英格蘭間
孤寂的狼
把大地的顏色
穿在身上
用呢絨的方格
隔出你的我的不同

在北方的寒凍的高地上

任風偷去史特林城堡城破的
感傷
是否又把尼斯水怪吵醒了
也不在乎
且將羅夢湖上

你傳他、他傳我、我傳你的熟悉的故事
淒迷細說
從前
驍勇的戰士
如今
只想吹歌

語解

獨自高傲的／站在高山與峻谷、處於戰爭與和平、受到蘇格蘭統治或英格蘭佔領之間／有如孤獨寂寞的野狼／他們將有如大地一般整片、整塊的多樣的顏色／做成衣服，穿在身上／用呢絨布上不同的方格／分出你是這族、我是那族不一樣的氏族

風笛手經常出現在蘇格蘭北方、終年寒冷的高地之上

任憑風偷走史特林城堡被敵人攻破，蘇格蘭被迫接受英格蘭統治的／感傷歷史／風笛的笛聲是否又把尼斯湖裡的水怪吵醒了／也無所謂／姑且將羅夢湖上美麗的傳說／自古以來你傳給他、他傳給我、我傳給你，大家口耳相傳、大家都已熟悉的故事／用風笛的笛聲，淒迷的訴說出來

從前／驍勇善戰的戰士，不見了／如今／蘇格蘭戰士只想拿起風笛，吹奏出美麗的傳說來

分析

蘇格蘭的風笛，本來用在戰爭之上，所以說「從前／驍勇的戰士」；只要史特林城堡被英格蘭攻破，蘇格蘭就得接受英格蘭的統治，所以說「任風偷去史特林城堡城破的／感傷」；蘇格蘭人，不分男女，都穿呢絨做成的裙子，呢絨上不同的方格，代表不一樣的氏族，所以說「用呢絨的方格／隔出你的我的不同」；因爲蘇格蘭與英格蘭，時常交戰，所以說獨自傲岸於「戰爭與和平、蘇格蘭與英格蘭」之間。

本詩以風笛手爲題，敍寫蘇格蘭的人、的地、的歷史，字數不多，蘇格蘭的輪廓卻已鮮明。末以「從前／驍勇的戰士／如今／只想吹歌」，略帶感傷的語氣，描寫蘇格蘭風笛手的今與昔，詩的情調有如風笛的笛聲，悠遠而又飄緲！

（中國語文五九一期、一九九六年九月）

一四、羅騰堡的咕咕鐘

巧手幾刀

誕生一座小小的黑色的森林

小鳥時隱時現
樹木不生不長

每到整點
羅騰堡咕咕的鐘聲
彷彿準時報喜的天使
從森林的鐘裡
飛出

響在千年以來的今天

語解

以巧妙的手雕刻幾刀／就能雕出一座上有小小的德國黑森林的咕咕鐘／咕咕鐘上的小鳥，有時隱藏在黑森林中，有時則探出頭來／黑森林裡的樹木，不生不長，永遠呈現優雅的樣子

每到整點／羅騰堡內的咕咕鐘，鐘裡小鳥咕咕的叫聲／好像準時前來報告喜訊的天使／從雕有黑森林的咕咕鐘裡／飛了出來似的，探出頭來報時

咕咕鐘的鐘聲，已經響了一千多年；咕咕鐘直到現在，仍然廣受大家的喜愛

分 析

德國羅騰堡自古以來，即以手工藝品聞名於世，其中又以咕咕鐘最爲有名。羅騰堡的咕咕鐘，通常都雕有森林、小屋與禽鳥，彷彿一座德國黑森林的縮影。

首段以黑森林爲主，敍其外形；二段以報時爲主，敍其聲音；聲形兼俱之下，咕咕鐘已經擺在紙面之上了。至於末段，只以「響在千年以來的今天」一句，戛然而止，用的句子很少，寫的時間很長，頗能點出咕咕鐘被人喜愛的情形。

（中國語文五六七期、二〇〇四年九月）

一五、 當我行過麥田

順著斜坡
滿眼不盡的金黃
平鋪在偶有軌跡的麥田上
永不相錯的軌跡
貼著整齊的地面
一路平行出去

已經收成的麥桿
捆成圓柱的、方形的塊
零零落落
直到有路相阻
才與遠方的綠地
結出一幅英國典麗的鄉村
風景

當我行過麥田
我在麥草堆裡
用心行走
眼睛
早已醉了

語解

順著和緩的斜坡看去／一眼無法望盡的金黃色的麥草／服服貼貼的鋪在地上，地上

留有農車偶然輾過的軌跡／兩條車輪的軌跡，永不相錯／印在整整齊齊的地面上／一路等距平行的伸展出去

小麥已經收成的麥田，麥稈／有的捆成圓柱形，有的捆成方形，一塊一塊／零零落落的散在廣漠的田裡／直到前有道路橫過，才能看到麥田的盡頭／麥田隔著馬路，又與遠方寬闊的原野／連結而成一幅英國鄉村典型的、秀麗的／風景

當我經過麥田／我在麥草堆裡／滿心喜悅的走著／至於眼睛／早已陶醉在這美好的景物裡了

分析

本詩以「滿眼不盡的金黃」，極寫麥田遍地綿延的情形；以「直到有路相阻／才與遠方的綠地／結出一幅英國典麗的鄉村／風景」，描寫看似有盡，其實越過馬路，更與原野相連的情形；將英國鄉村一眼望去，盡是閃著金黃麥田的美景，再現字句之間。

又，「用心行走／眼睛／早已醉了」，將心與眼的位置對調，呈現視見因景而醉、滿心都是喜悅的情景，很能想見走在麥田當時的心情。

（中國語文五五二期、二〇〇三年六月）

一六、紐西蘭的古董火車

大地的裂縫
僅能容下項鍊也似的鐵道一條
自如的滑動
高腳的拱橋
站在寂寞的谷裡
只為滿足好奇的心

舊的岩壁
冷峻的護在兩旁
一舊數十萬年
舊的車箱
可當你我的祖母
仍在山與崖間
輕快的引吭高歌
沒有起點

沒有終點
紐西蘭的但尼丁到米德瑪奇
來來回回
今昔走了上百年

語解

高山之間的深谷，有如大地裂開的縫隙／只能容納一條細細長長又彎彎曲曲，有如項鍊一般的鐵路／像滾動的滑輪似的、自由自在的行駛著／建在深谷之中，有如長腳的拱形橋樑／獨自站在兩側都是岩壁的山谷裡／只是爲了滿足好奇的人們，來此一窺究竟的心

古老的岩壁，緊緊的貼著鐵路／好像正嚴肅的、冷峻的在旁保護著／古老的岩壁，已經存在數十萬年了／老舊的車廂／老到可以當我們的祖母了／卻仍然在山谷與斷崖之間／輕快的行駛著，引吭高歌似的鳴叫著

行駛火車的鐵路，沒有起點／也沒有終點／從紐西蘭的但尼丁到米德瑪奇／火車來來回回、每天反覆的行駛著／自古至今，通車已有百年之久

分析

首段「大地的裂縫／僅能容下項鍊也似的鐵道一條」，係由高空往下看，看到建在

緊鄰岩壁的鐵道：一指岩壁的窄，一指鐵路的險。「高腳的拱橋／站在寂寞的谷裡」，係由深谷往上看，看到矗立在深谷之中的拱橋：一指山谷的深，一指拱橋的高。二段「舊的岩壁／冷峻的護在兩旁」，係以身處車廂、平視的眼光望向兩側，看到岩壁古老的情形：一指視野的短，一指鐵路的彎。有俯瞰、有仰望、有平視，詩的視野上上下下。

二段「舊的車箱／可當你我的祖母」，係從現在往過去看，極寫車箱的老舊。三段「來來回回／今昔走了上百年」，係從過去看到現在，極寫火車自通車以來，已有百年的歷史。首段「大地的裂縫／僅能容下項鍊也似的鐵道一條」，係以現在來看眼前的景物，時間並無今昔之分。

三段「來來回回／今昔走了上百年」，係站在旁觀者的位置上，描述紐西蘭的古董火車。首段「高腳的拱橋／站在寂寞的谷裡／只爲滿足好奇的心」，係以設身處境的方式，描述獨自穿梭在岩壁之間的鐵路。二段「舊的車箱／可當你我的祖母」，係站在「我」的位置上，描述火車古董的情形。有旁觀、有設境、有入境，詩的意境變化多端。

紐西蘭位於南島但尼丁（Dunedin）與米德瑪奇（Middlemarch）之間的古董火車，春、夏、秋、冬各有不同的景致，的確值得一遊！

（中國語文五八三期、二〇〇六年一月）

一七、紐西蘭的螢火蟲

在乎沉寂的靜
熄止動力
緩緩漂入

因為黑
太陽也不肯前來
小蟲倒掛身體
把燈提著
吐出粒粒相連的珠子
想替自己
點出些許亮光

北島峽灣的石灰岩洞裡
沒有太陽
都是星星

語解

因怕打擾威吐摩岩洞中靜寂的螢火蟲／將搭乘的平底船關機／順著水流慢慢漂了進去

因爲洞內實在太暗了／連太陽也不肯前來照耀／螢火蟲把身體倒掛在洞的頂端／像提著燈籠似的，閃閃發光／吐出一顆顆粒狀物，自洞頂連結垂下一條一條的絲線／好像想爲自己／點燃些許的亮光

紐西蘭北島峽灣附近的石灰岩洞裡／陽光照不進來／洞裡到處垂掛的螢火蟲，好像星星似的閃閃發光

分析

「在乎沉寂的靜」，指怕打擾岩洞裡的螢火蟲；「因爲黑／太陽也不肯前來」，指陽光照不到，因此洞內一片漆黑；「小蟲倒掛身體／把燈提著」，指螢火蟲倒掛身體，並垂下一條一條的絲狀物，捕蟲子吃；「沒有太陽／都是星星」，指陽光照不到的石灰岩洞裡，洞頂到處都是閃閃發光的螢火蟲。

紐西蘭北島峽灣附近的威吐摩（Waitomo）石灰岩洞，洞裡垂掛在洞頂、閃爍有如星星的螢火蟲，爲了捕捉蟲子，每隻大約吐出二十條左右、具有麻痺黏液的絲狀物；遠

遠望去，一片燈海，煞是好看，因此我寫了這首詩。

（中國語文五八三期、二〇〇六年一月）

一八、臺 灣

美麗的彎
浮盪在歷史與文明之間
把北美與亞洲隔開

歐洲、東亞、南島飄來的
種子
在板塊相互爭寵的推擠
在西班牙、荷蘭、日本、清國走過的足跡上
發芽
成長

成長長出新的品種
不是東西

不是南北
福爾摩沙
一個結束終點的起點
背向亞洲
大洋從此展開

語解

美麗的、窄窄的彎形陸島／在過往的歷史與現代的文明之間，漂浮蕩漾／把北美與亞洲、東方與西方截然畫開

從歐洲的荷蘭、西班牙，東亞的日本、中國，南島的諸多語族，遷移而來臺灣的人民，像遠地飄來臺灣的／植物種子／在歐亞板塊與菲律賓板塊彼此推擠，有如相互爭寵一般的地殼上／在西班牙、荷蘭、日本、清國相繼統治臺灣、墾殖臺灣走過的土地上／逐漸發芽／慢慢成長

來自世界各國落地生根的人民，經過長時間的融合，而變化出新的品種，而形成一個新的臺灣民族／臺灣不屬於東方或西方／臺灣不屬於東北亞或東南亞／臺灣以臺灣海峽，與歐亞大陸的終點遙遙相望，而位於太平洋西邊的起點之上／臺灣背對著整個亞洲／太平洋從此向東開展

分析

首段敍臺灣的地形，次段敍臺灣的歷史，末段敍如今的臺灣，已經迎向太平洋而成爲一個海洋的國家。將臺灣今昔的時空，具體而微的剖析在字句之間。

本詩以「飄來的／種子」，敍臺人的源起；以「走過的足跡」，敍臺灣的歷史；以「新的品種」，敍臺灣側身現代文明國家之列，不再受到外人的統治，而遠離歷史悲情的現實事實。諸多糾結難解的時空，在短短十六行詩中，條理已經分明。

（中國語文五五一期、二〇〇三年五月）

一九、雪山

拒絕熱帶與溫帶的邀約
從平靜的太平洋陡然拔起
直接停在寒帶的雲上
不是燈塔
卻以獨有的雪白
為世人標示臺灣的位置

以雪為名的山
把雪藏於頂上錐形的冰斗
留待夏天禦暑之用
冰斗下布滿摺痕的岩壁
是熱情參與第三紀始新世造山運動
弄皺的外衣
還是不脫出生時稚嫩的原始
明眸般的翠池
正以恬靜的眼映著晴藍
閒適如昔

櫻花鉤吻鮭不及閃避
瞬間被迫遷徙
用高度的冷暫代冰河的家
終日盤桓於七家灣蜿蜒的溪裡
有如雪山服貼的領帶
寬尾鳳蝶在如蝶的葉上

找到自己的影子
不禁手舞足蹈
替檫樹打了無數個栩栩多姿的領結
而迷離如謎、藍得發紫的帝雉
則在雪山晨昏的林間
偶爾飄出
人們佇候的麗影

源自北部三貂角的雪山山脈
雪遮去高山可能荒蕪的慣例
重新訂定臺灣的規則
將赤道至北極、永綠至恆白的長裙
穿在層次分明的坡勢上
亭立而成一座地球的生態櫥窗
聚焦
並以東北縱走西南的長城
在星空之下

聖潔

守護臺灣

語解

拒絕熱帶草原與溫帶丘陵，邀約站在同一緯度之上／而從平靜的太平洋上，像被拉拔一樣，突然高起／直接聳立而成屬於寒帶、比雲還高的高山／只是山嶺，不是燈塔／卻以山頂白雪獨特的雪白／象徵臺灣，並爲世人標示臺灣在地球之上的位置

以雪命名的雪山／把雪儲存在山頂星羅棋布的錐狀的冰斗之中／準備夏天用來抵禦炎暑之用／冰斗下方的岩石壁上，布滿褶皺／是因爲經歷第三紀始新世造山運動時，菲律賓板塊與歐亞板塊／岩石因彼此劇烈的相撞推擠，而在外表留下的痕跡／還是始終保持如嬰兒出生時的皮膚，稚嫩的、原始的樣子／有如明眸一般青澈的翠池／恬謐寧靜，澄明如眼似的池水，把晴朗的藍天倒映在水裡／悠閒自在，一如往昔

冰河時期的櫻花鉤吻鮭，來不及閃避地殼瞬間的變動／被迫從冰河的棲息地，突然隨著隆起的陸塊，而遷移到高山之上／以位居高山較冷的天氣，暫時取代冰河時期，氣溫較低的家／整天在七家灣蜿蜒曲折的溪裡徘徊，尋找回家的路／向下俯瞰，有如雪山身上一條服服貼貼的領帶／瀕臨絕種的寬尾鳳蝶，在葉子有如蝶形的孑遺植物上／像找

到自己的影子一樣，寄生幼蟲／一隻一隻快樂的蝴蝶，不禁手舞足蹈，繞著櫟樹飛舞／彷彿替櫟樹打了無數個栩栩活潑、而又多彩多姿的領結／而難得一見、行蹤成謎，藍得接近紫黑的帝雉／則在雪山早晨或黃昏的森林之間／偶爾出現／人們期待一睹芳蹤的形影

起自臺灣北部三貂角的雪山山脈／山頂厚厚的積雪，改變了高山必然荒蕪蕭條的景觀／重新訂出臺灣遍地美景的山貌／雪山把赤道的炎熱、經年綠意到北極的寒冷、白雪永遠覆蓋，熱帶、溫帶、寒帶有如長裙一般／隨著高度由下而上，層次分明的分布在不同的坡勢上／聳立而成一座涵蓋各種生態、展示地球多樣面貌的櫥窗／凝聚焦點，使人側目／並以東北向西南縱走，綿亙而成臺灣北部的長城／在燦爛的星空之下，皎白的雪山／像聖潔的女神

忠誠守護臺灣

分析

首段敘地理的位置，二段敘形成的情景，三段敘特別的生態，四段敘整體的風貌，五段以「守護臺灣」總結全詩；詩在循序之中漸進，在詩意裡深刻描寫雪山的美。

雪山，以高度取代緯度，因此雖然位居溫、亞熱帶的臺灣北部，仍然擁有寒帶國家遍地的雪景。雪山，是第三紀始新世造山運動的遺跡，因此山上的冰斗、褶皺、翠池，

山裡的帝雉、寬尾鳳蝶、櫻花鉤吻鮭，都是位居此一緯度難得一見的生態。雪山多樣的風貌，不但顯出臺灣的不俗，也爲臺灣贏得世人的讚嘆。

本詩從地形及於人文，從生態及於抒情，在譬喻、轉化、象徵、摹寫諸多辭法的交互運用之下，雪山呈現出來的形貌，不但清晰，而且傳神！

（中國語文五五一期、二〇〇三年五月）

二〇、虎山溫泉島

吊橋
將現實與祕境一線相連
像武陵漁者初入桃源的人
踩著半信半疑又滿心好奇的步伐
走在只能想像的景裡

如盤如旋伶俐的水
行經汶水溪裡的島時，躡手躡腳的流著
拔地千尺守護的樹
在蒼翠與褐黃的葉間，自然斑駁

至於氤氳不絕靈巧的氣
則自禽鳥清泠的聲裡，扶搖直上湛藍的晴空
把天與地大片的空白整個瀰漫

縹緲的蓬島
籠在一層一層溫熱的白紗裡輕漾
而紗裡的屋的樹的花的人
遠遠望去
已在畫中

語解

橫跨河床、一線綿延的吊橋／將現實與夢境兩端迥然不同的世界，連在一起／好像陶潛桃花源記中，武陵駕船捕魚的漁人，在無意之中進入桃花源的人們／踩著懷疑眼前的景是否真實、而又按捺不住想去一探究竟的步伐／走在從前只能從書裡看到、於想像裡神往的恬靜的景裡

盤旋曲折、伶俐流動的汶水溪／行經溪裡虎山溫泉的小島時，唯恐發出聲響似的，躡起手腳輕輕的流著／聳立千尺、峭直挺拔的樹木，好像小島的守護者／在蒼翠與褐黃

的枝葉之間，斑駁錯落，綴點成趣／至於溫泉靈巧自如、騰升不絕的熱氣／則從禽鳥啼聲清亮的森林裡，縷縷直向蔚藍的晴空飄去／把天與地之間大片的空白，全部填滿了

若隱若現、虛無縹緲，有如蓬萊仙島一般的虎山溫泉小島／隨時籠罩在一層一層薄薄的白紗似的熱氣之中，好像小島也隨著熱氣輕輕的蕩了起來／而在溫泉熱氣裡的房屋、樹木、花草、人們／遠遠望去／已經融在如畫的景裡了

分析

首段以「半信半疑」、「只能想像」描寫「夢境」，輕輕揭起虎山溫泉小島的面紗。二段從地面「伶俐的水」、空中「守護的樹」，寫到「氤氳不絕靈巧的氣」瀰漫整個天地；景在乍看清晰、其實迷濛之間，形如「夢境」。三段則在熱氣「縹緲」、「輕蕩」如紗的錯覺裡，遠望有如「畫中」，再次回到「夢境」之上，呼應全詩的主題。

本詩以輕盈的筆觸，敘寫從前只能想像的「夢境」；境在輕盈之中，可以想像的似乎更多了。

（中國語文五九六期、二〇〇七年二月）

二一、茶花源

彷彿旋律輕揚的雪山支脈
從遠天無垠的蒼茫裡彈出

清晰可辨
雙溪北側如波如漣的翠嶺
閒雅的倚在雪山的前緣
靜靜的聆賞自然的天籟
而平林溪與牡丹溪交融而成的雙溪
則在山的腳下與花的園前
載歌載舞

沒有烈日而煦陽滿天，沒有白雪而細雨綿綿
來自各國卜居於此的茶花
扶疏成蔭
一住已逾百年
璀璨如春的景將冬驅離
不效群木而有玉樹之風，不學百卉而有妍麗之容
與山與水與禽與鳥鎮日徜徉
一個真實的現代傳說
全然綻開

語解

雪山的支脈，好像旋律輕輕揚起一般的起起伏伏／從遠方無邊無際的蒼蒼茫茫的天空裡，彈奏出來似的橫亙著／遠望過去，一清二楚／雙溪鄉北邊，有如波浪、有如漣漪一般翠綠的山嶺／優雅閒適的倚在雪山的前方／靜靜的好像正在聆聽自然悅耳的音樂／而平林溪與牡丹溪匯流而成的雙溪／則在山腳下與花園的前端／一面如唱歌似的發出潺潺的流水聲，一面如跳舞似的淙淙的流著

沒有炎熱的太陽，只有和煦的陽光；沒有皚皚的白雪，只有綿綿的細雨／來自世界各國定居似的移植來此的茶花／枝葉扶疏，遮蔽成蔭／種在此地已經超過一百年了／好像把冬天趕走似的開起花來，燦爛有如春天的景色／不模仿林木與天比高，卻自有玉樹臨風的姿采；不學習百花爭奇鬥豔，卻自有端莊美麗的容顏／整天與山水、與禽鳥在一起，悠遊自在／一個在現實世界裡，有關雙溪與茶花真實存在的傳說／已經如花綻放似的、到處傳播開來。

分析

以「旋律輕揚」、「從遠天無垠的蒼茫裡彈出」，敘雪山支脈起伏的情形之後，以「靜靜聆賞自然的天籟」與「載歌載舞」，呼應「旋律輕揚」的主題。首段全以音樂來

寫山、寫嶺、寫水。

以「璀璨如春的景將冬驅離」，敍茶花盛開的冬天，好像冬天已經被春取代似的不見了；以來自各國的茶花「卜居於此」、「不效群木而有玉樹之風，不學百卉而有姸麗之容」，將本來是人的移植，改爲茶花主動的前來；詩有動態的美感。

位於臺北縣雙溪鄉、由莊崇祥、莊豪雄先生主持的茶花世界，栽種最早，品種最多；每到冬天，美不勝收，值得一遊。

（中國語文五九六期、二〇〇七年二月）

二二、大屯山自然公園

即使只剩一點餘溫
經霜歷冬的葉，依然生燙
即使才剛吐露
蟄伏已久的熱情，已在樹的梢頭噴薄
把山燃起

繽紛的紅把山燃起
從平整的寬敞的棧道漫延開來
一路旖旎

直到眼的盡頭才與夢境相接
古樸的斑駁的石徑
則自夢的境裡穿出
沿著春的腳步恣意迤邐
除非禁錮雙眼
否則心情早已沉澱的你的我
還是會被灼得滿身盎然

而閒雅如詩、澄澈如碧的湖水
無波無痕
已將一幅歐洲熟悉的美景
溫暖呈現

語解

即使即將凋零，而只剩下一點點生命的餘溫／經秋歷冬的葉子，依然紅得有如發燙一般／即使蟄伏已久，到了春天才剛吐露出來／嫩紅有如熱情洋溢的新芽，已在樹的梢頭噴薄迸放／把山點燃似的，蕩起了春天的氣息深紅、鮮紅、淺紅、嫩紅，繽紛多彩的紅色，把山點燃似的蕩起了春天的氣息／從平坦、整齊、寬敞、和緩的棧道，漫延伸展開來／旖旎的景的物，沿途都是／直到眼睛無法穿透的森林盡頭，才與只能想像、愈想愈美的夢境相連／而古拙、樸素、斑駁、錯落的石板小徑／則自有如夢境的森林盡頭穿越出來／沿著春的腳步似的任情蜿蜒，遍地綠意／除非緊閉雙眼／否則來到此地、心情早已平復的你的我／還是會在欣欣向榮的自然裡，被薰被灼似的全身充滿了盎然的生氣

而閒靜淡雅如詩如文、清澈澄明如碧如翠的湖水／無波無痕／已將一幅一眼即能辨認、彷彿置身歐洲的美景／在溫暖多彩的春天裡，整個呈現了出來

分析

因爲「經霜歷冬的葉／依然生燙」，即將凋零的樹葉，是發燙似的深紅色；「蟄伏已久的熱情」，才剛吐露的芽，是熱情般的嫩紅色，所以如火的紅色，才能「把山燃起」。因爲有即將凋零的深紅，有才剛吐露的嫩紅，所以紅色才能顯得「繽紛」。因爲已經到了「眼的盡頭」，眼睛無法穿透的森林，所以「與夢相接」，與只能想像而愈想愈美的夢境相連相接了起來。

首段以即將凋零的深紅，與才剛吐露的嫩紅「把山燃起」；二段以「把山燃起」的繽紛的紅，將「心情早已沉澱的你的我」，「灼得滿身盎然」；三段以「閒雅如詩、澄

澈如碧的湖水」，將「一幅歐洲熟悉的美景／溫暖呈現」出來。首段以「燃」、二段以「灼」、三段以「溫暖」二字，將春臨大地，滿山紅得繽紛、紅得洋溢生氣的美景，前後呼應、具體鮮明的描繪了出來。

（中國語文六一一期、二〇〇八年五月）

二三、礁　溪

藍的藍天、綠的綠地、高的高山、大的大海
憐惜的將它環抱
即使毫不經意的路過
雙腳也會在此打住

晨陽從若即若離的龜山島上湧出
整片的光整片的熱如波如浪
爭相把夜融解
如夢如幻的大地恍如夢境
如倘如佯的鄉民如處化外
只有雲嵐在遠天的山際追逐

只有草木在無垠的原野競長
只有溫泉自地底的熔爐
源源不絕

人們因為溫泉而來
溫泉卻無法瀰蓋礁溪的美
於是人們猛然發現
恬淡如禪的龍潭湖
凝注湖水迷醉的眼一瞧再瞧
仍然意猶未足
翩然飛墜的五峰旗瀑布
彷彿一條終日吟嘯的幼龍
又嬉又鬧
而豔紅欲燃的番茄、清脆欲響的空心菜、鮮潔欲流的茭白筍
早已在人們貪饞的嘴上
懸著

難怪
陶潛筆下的桃花源
不敢明示地點
眾人樂道的香格里拉
怯於清楚的交代
因為礁溪

語　解

湛藍的藍色的晴天，翠綠的綠色的大地，高聳的高峻的山嶺，廣大的寬闊的大海／憐惜的把它環抱起來／即使人們毫不經意的走過／也會因爲礁溪的美景，而在此地停下腳步

早晨，太陽從好像近在咫尺、又像即將離去如龜的島上，湧現出來／整片金黃的光、整片溫暖的熱好像波浪一般／爭先恐後的把黑暗的夜融化似的明朗開來／有如夢幻的大地，好像夢境一般／悠然自在的鄉民，好像寧謐的生活在化外的樂土之上／只有白雲、煙嵐在天邊相互追逐／只有花草樹木在無垠無際的原野上競相茁長／只有滾燙的溫泉從地底熔爐也似的地心／源源不絕的流了出來

人們因爲溫泉而來礁溪／但溫泉卻無法代表礁溪的美景／於是人們馬上發現／恬淡

清幽、如入禪境的龍潭湖／迷醉的眼睛一圈又一圈的凝視著／湖水的美仍然意趣無窮／
翩然飛落的五峰旗瀑布／彷彿一條整天吟嘯的幼龍／又嬉又鬧的在此遨遊／而豔紅彷彿
即將點燃的番茄、清脆彷彿即將發出聲來的空心菜、鮮潔彷彿即將流動出來的茭白筍／
早已在人們貪饞的嘴上／相互傳說著

難怪／陶淵明筆下的桃花源／不敢明白告訴我們詳細的地址／眾人津津樂道的香格
里拉／不敢將真正的位置公布出來／因爲礁溪的美，遠在桃花源和香格里拉之上

分析

被藍天、綠地、高山、大海環抱的礁溪，遠看彷彿一處夢幻的大地，近瞧則如一境化外的樂土，人們恬靜的在此生活；只有雲、只有嵐，悠然的追逐遨遊，只有草木、只有溫泉，欣欣向榮的茁長、源源不絕的噴薄著。

人們大多慕名溫泉而來礁溪，但一來到礁溪之後，馬上發現原來礁溪的美不只溫泉，還有更多值得一遊的地方。於是龍潭湖彷彿礁溪的大屯山公園，整天環湖散步的人們三三兩兩，一群又一群；五峰旗瀑布則像礁溪的絹絲瀑布，隨時都有來此休憩運動的人們，更何況以溫泉灌溉種植當令的蔬菜水果，早已遠近馳名！

礁溪很美；礁溪的美、美在市郊的原野，尤其在晨昏、在霧氣迷濛的雨後，更美！

（中國語文六五四期、二〇一一年十二月）